U0812109

谨以此书献给我的母亲闫庆珍。

易辞别裁

闫缜尔◎著

沈阳出版发行集团
沈阳出版社

图书在版编目（CIP）数据

易辞别裁 / 闫缜尔著 . —沈阳：沈阳出版社，2020.7

ISBN 978-7-5716-0884-2

Ⅰ . ①易… Ⅱ . ①闫… Ⅲ . ①《周易》- 研究 Ⅳ . ① B221.5

中国版本图书馆 CIP 数据核字（2020）第 065209 号

出版发行：沈阳出版发行集团|沈阳出版社

（地址：沈阳市沈河区南翰林路10号 邮编：110011）

网　　址：http://www.sycbs.com

印　　刷：辽宁泰阳广告彩色印刷有限公司

幅面尺寸：140mm × 210mm

印　　张：8.5

字　　数：150千字

出版时间：2020年7月第1版

印刷时间：2020年7月第1次印刷

责任编辑：赵秀霞

封面设计：R润泽文化

版式设计：R润泽文化

责任校对：王　颖

责任监印：杨　旭

书　　号：ISBN 978-7-5716-0884-2

定　　价：48.00元

联系电话：024-62564911

E - mail：sy24112447@163.com

本书若有印装质量问题，影响阅读，请与出版社联系调换。

闫缜尔　1991年毕业于沈阳师范学院社会学专业。当过大学辅导员，曾任专职文化宣传工作者。现为《沈阳日报》特约评论员，中国文艺评论家协会会员，辽宁省作家协会专委会委员，辽宁省文艺评论家协会理事。已出版《多元视角下的文化现象》《走进读书空间》《唠叨与碎片化》等作品。现任沈阳市政协委员，政协工作者。

本书 / 简介

作者围绕经典要义，联系当下现实，从培育核心价值、加强道德修养、塑造人格气质、增进学习能力等多元视角出发，从易辞中引申出平实的道理。考虑到受众的心理，作者对易辞的解读，力图从个人的处境出发，在易辞中照见自己，以使阅读增强感同身受之效。经典是需要反复阅读和不断涵泳的。这本集子是作者联系个人成长路径，用心写出的一些体会，目的在于引起更多共鸣，引发人们对传统文化创造性继承、创新性发展的更多思考。

在解读经典中涵养正能量

（代序）

王向峰老师是国内外知名美学家，在马克思主义文论研究方面有独到建树，是名副其实的著作等身大家，虽已耄耋之年，仍然笔耕不辍，时有新论发表，而且时时不忘提携后学。用时三年，解读易辞，是我自己坚持的结果，也是王向峰老师鼓励的结果。

王老师一直关心我的学习，我自诩是他编外的研究生。当我把解读易辞的几篇文章呈给他的时候，他一再鼓励我读下去、写下去。当我把解读习作在我的“读写坊”公众号上发布时，他逐一加以阅读，并多有激赏之词。比如，他在第10章的留言中写道：“讲得到位！”第34章的留言：“更上层楼。”第41章的留言：“认识深刻，判断准确，剀切明了，教益甚大！”第62章的留言：“大功即成，可喜可贺！”第63章留言：“长足进展！再加一篑土，即可以成山！”第64章的留言：“祝贺完成了一项重大的攻关成果！”

王老师不仅赞赏激励，也多有切中肯綮之语。比如，对第45章评语：“经典中所含规律与经验古今相通。但却是元化潜通。所以解经时不宜直接更多地输入解者的时事。郑玄、朱熹大家都是这么做的，可以效法。解经与引古经以注己文不同，虽然解经能见出解者的立场、时代与倾向。”

又如，第56章评语：“所解甚为得体，继续做下去。旅人先笑后号啕，其中蕴藏着多少生活哲理！如果与豫卦结合起来看，所得教训就更多了。”这些深邃之见，对我的解读起到了醍醐灌顶之效。

我认为，一个人的发展进步不应受环境的左右，而应该受文化的熏陶。这样就不至于每逢大事苦恼彷徨，更不至于常遇小事就情绪失控。而要摆脱日常工作、生活环境的负面影响，更多的应该到经典中去寻找文化的支撑。经典中蕴涵的力量主导精神、平衡心理，促使读者始终保持强大的正能量。这大概就是从传统中汲取核心价值观的营养，进而提升自己的道理吧。这也是我在系统学习马克思主义经典作家作品的同时，一方面研读黑格尔、康德等西方哲学著作，另一方面解读《周易》《论语》等传统经典著作的一种深刻体验。

我以自己的方式解读易辞，每一篇解读都与自己的处境相连，都与自己的情绪相关，都是触动心境、有感而发之作。所以，我不赞成读者一口气把它读完。建议阅读它的人，每天在临睡之前，或者闲暇的时候，根据自己当天的情境选取一篇，对照自己的心绪来读，想必更有感同身受之效，那就是在易辞中照见自己，在解读经典中涵养正能量。

经典是需要反复阅读不断涵泳的。《易辞别裁》是我在人生中年，联系个人成长路径，用心写出的一些体会。我期待着把这本集子呈现给那些年轻的朋友，或者如我一样，虽然不再年轻，但仍有一颗年轻之心的人们。

目 录
Contents

在解读经典中涵养正能量（代序） 1

“飞龙在天”的境界——《乾卦第一》的另类启迪 1

厚德何以载物——闲话《坤卦第二》 5

创基立业的关键处——《屯卦第三》解密 9

如何不操碎心地培养孩子——《蒙卦第四》是一帖不可不察的童蒙经 14

如何做一个不急之人——《需卦第五》给我们的启迪 19

取之有道，胜之不武——《讼卦第六》揭示的世道人心 23

如何做一个优秀的领导者——《师卦第七》启示的为官之道 27

每个人都是关系网上的一个扭结——《比卦第八》“比”出的别样滋味 31

试看“穷”时如何善其身——从《小畜卦第九》悟出人生道理 36

人生百年的“十二字”要诀——《履卦第十》讲述的人生哲学 40

外柔内刚与君子之道——《泰卦第十一》的现世启迪 44
泰极否来，何以应对——《否卦第十二》揭示人生命运 48
喜忧相系的朋友圈——《同人卦第十三》的启迪 52
大有无不有——《大有卦第十四》的远古回音 56
要秀，就秀出精气神来——《谦卦第十五》的当下启迪 61
改变从现在开始——对《豫卦第十六》的一点参悟 64
平衡的艺术——由《随卦第十七》想到的 67
破蛊之德——漫谈《蛊卦第十八》 70
何以居安，唯有思危——《临卦第十九》给人的谏言 73
世界之大，何以观？——《观卦第二十》的观察智慧 76
知法、守法、用法的一面镜子——《噬嗑卦第二十一》卦辞解读 79
美在哪里——《贲卦第二十二》对美的启迪 83
驱车济世的人间气象——读《剥卦二十三》 86
复归初心——读《复卦二十四》所感 90
以无妄之心求有为——解读《无妄卦第二十五》 95
走向达无碍的人生——《大畜卦第二十六》的启示 99
在位有为的颐养之德——《颐卦第二十七》带给人们的启发 103
屋顶将塌未塌之际——《大过卦第二十八》揭示的人生运命 107
期待阳光灿烂时——《坎卦第二十九》的心灵感悟 111
念念不忘离人美——《离卦第三十》所思所想 115
人与万物的和谐之境——《咸卦第三十一》的别样解读 119

恒者最有魅力，也最值得点赞——《恒卦第三十二》的文化启迪 122
遁隐：人生的一种选择——《遁卦第三十三》的别样智慧 127
大壮时期的人生境界——由《大壮卦第三十四》说开去 131
进与升，得失在晋德——《晋卦第三十五》揭示的六段论 136
明哲保身是一种手段，也是一种选择——《明夷卦第三十六》告诉我们的人生哲理 140
一部古老而逢新的传统家政学——《家人卦第三十七》对家风建设的启迪 144
借你一双同异的慧眼——《睽卦第三十八》揭示的同异观 147
骑驴看唱本，走着瞧——《蹇卦第三十九》发人深思的地方 151
摆脱困境的基本法则——解读《解卦第四十》 155
致我们达无损减的人生——读《损卦第四十一》的启迪 159
破解世道的生命之问——《益卦第四十二》的别样感怀 165
成功突围的故事——《夬卦第四十三》向我们讲述的 169
人在旅途不可不察的清醒——《姤卦第四十四》的智慧启迪 174
萃聚时代的大写人格——读《萃卦第四十五》产生的联想 178
人才的提升之道——深悟和践行《升卦第四十六》 183
困境中的哲学意蕴——解读《困卦第四十七》 187
古之“井德”给今人的启发——《井卦第四十八》的解读 191
革故鼎新的方法和步骤——解读《革卦第四十九》的变革思想 195

气象更新的大国格局——《鼎卦第五十》的时代解读 200
人的精神究竟有多重要——《震卦第五十一》所想到的 204
动静相宜的心境——《艮卦第五十二》揭示的人生哲理 209
理想的羽翼是这样丰满的——解读《渐卦第五十三》寄语我的年轻人 213
小伙子应该娶什么样的媳妇——《归妹卦第五十四》的另类解读 216
盛时守势：好时光不能悄悄溜掉——解读《丰卦第五十五》 220
人在旅途——解读《旅卦第五十六》 223
像风一样来过——《巽卦第五十七》蕴含的诗意人生 227
从贾宝玉对美的追求说起——读《兑卦第五十八》的启示 231
达观聚散，健康百年——《涣卦第五十九》给人的启发 235
在有限和无限之间——《节卦第六十》的别样解读 238
从燕子衔泥筑巢说起——解读《中孚卦第六十一》 242
小过，小过，如何才不为过——《小过卦第六十二》的联想 246
成事之后，如何把握自己——《既济卦第六十三》的学问之道 250
在新时代的征程上答好人生之卷——《未济卦第六十四》的断想 254

“飞龙在天”的境界
——《乾卦第一》的另类启迪

经典的意义，在于常读常新，在于不同的人会读出不同的感受和体会。读《周易》的《乾卦第一》，我读出了人生的六重境界。

第一重境界：潜龙在水，勿用。龙在初爻，“潜龙，勿用”。龙潜伏在水中，暂时不宜有所作为。在没有能力发挥作用，或者不需要发挥作用时，就应该潜心向学，做好、做足知识储备和能量储存。“一阳初生，如冬去春来第一缕和煦的微风，虽然充满希望，但还没有足够的力量驱走严寒，如急于出来表现，则很容易受伤。”人尚未出道，应当耐下心来，下一番苦功夫，练就十八般武艺，蓄势待发。

第二重境界:见龙在田，待用。“见龙在田，利见大人。”龙长到二爻，过了潜伏期，出现在田野。此时的龙如一匹千里马，这个时期，就需要等待伯乐的出现。如果没有伯乐,就不会有千里马。人刚刚出道,需要有人来引领和指导。等待机遇，有了机缘，才会有施展抱负的空间。也就是说，主观条件已经具备，还需要客观条件的匹配。能否“利见大人”是不能强求的。所谓“机会总是垂青那些有准备的人”，人生这个阶段，等待、捕捉的就是机会。须知，千里马寻觅伯乐，伯乐垂青千里马。

第三重境界：日乾夕惕，可用。“君子终日乾乾，夕惕若厉。无咎。”君子，即德才兼具之人，在“大人”的引领下开始了作为。“整日勤勤恳恳，任劳任怨，即使在夜晚，仍时刻警惕，谨慎行事。虽有危险，亦不会遭受灾祸。”人生处在这个阶段，就是处在欲上不上、欲下不下的中间状态，正是干事业的初始阶段。就要兢兢业业，如履薄冰，白天精进不辍，夜晚戒惧警醒，不忘初心，以免半途而废。一切都是为了向上飞跃打基础，一切都是为了进步作准备。小心驶得万年船，只身打拼闯天下。很不容易，但坚持下来就是胜利。谨记：所谓成功，就是当你坚持不住了的时候再坚持一下的结果。

第四重境界：或跃在渊，重用。“或跃在渊，无咎。”即游龙潜伏在深谷之中，似跃而未跃，不会有过失。阳龙达到四爻的位置，人生就上升到了一种新的层次。这个时候，已经没有了欲罢不能，天地一下子豁然开朗。正所谓海阔凭鱼跃，天高任鸟飞。因为有了本事，就进入到了被重用的视线。如果果真被重用了，就可以高歌猛进；如果暂时还没被重用，也可以退居深谷，随时都可以一飞冲天。这个时候，也是对人生志向和抱负进行大考有了答案的时候，正应了那句“天道酬勤”的古训。人生到了这个阶段，蓦然回首，付出的一切辛苦都是值得的，成功在即，山谷两岸的风声和啼鸣都已渐行渐远。关键时候，就爆发巨能吧。

第五重境界：飞龙在天，大用。“飞龙在天，利见大人。”龙高飞于天，利于晋见有权势的人。这个时候的人，无所不能且游刃有余。可以说，龙到达“九五之尊”的荣耀地位，大权在握，纵横捭阖，可以任意施展自己平生的绝学和抱负，不受任何的束缚。但任凭你是何方精英翘楚，也需要得到支持，委以重任，搭建平台，才能成就大业，青史留名。人生到了这个阶段，可谓是黄金时期。但须知，并不是每个人都可以成龙成凤的，毕竟是只有少数人才能企及如此高峰，真的是风光无限，令人艳羡。

第六重境界：亢龙必悔，滥用。“亢龙，有悔。”龙飞得过高，超过极限有悔。天空是无限的，人即使成了龙也为能力所限。以有限之力搏击无限长空，一定会物极必反。飞龙在天，达到了顶点，就不能再往上飞了，再往上飞就会陷入到没有回旋余地的困境。人处于飞龙在天的时候，就应该清醒地意识到自己能飞多高，自己的极限在哪里，不能滥用手中的权力，否则就必然落马。但遗憾的是，飞龙在天的时候，能有几人做到这一点呢？凡夫俗子虽然不能达到飞龙在天的境界，但也会拥有自己人生的辉煌。事业辉煌的时候，千万不能忘了自己过去的日乾夕惕，珍惜来之不易的当下，充分地释放出能量，又不至于跌落深渊。

《乾卦第一》勾画了一条龙的成长轨迹，也为人生做了生动的注解。这是中华民族自强不息伟大精神的写照，我们在这种精神的鼓舞下，才能做一个自信有为的中国人。

厚德何以载物
——闲话《坤卦第二》

六十四卦，以乾卦为主、为首，其他卦均为副、为辅。以之比照社会，对照人生，主卦就是主角。唱主角的毕竟是少数，绝大多数的还是配角。人生当然不会甘于配角，但是，做好配角，是人的本分，是自然规律，即使有朝一日能成为主角，也得从配角做起。从坤卦的释义中，颇能得到一些启发。

坤是地，坤德似地厚，厚德能载物。做人，应该发挥乾德自强不息的精神，人人精进，个个向上，社会才能充满生机。但这只是社会的一种表象，人群之间还蕴含着另外一种叫厚德载物的精神，甘当配角，当好配角，社会才能有序和谐。默默修行，这是为人处事更基本的需要。

引申坤卦，可以勾勒出臻于厚德载物的人生。

第一，履薄霜知坚冰。“履霜，坚冰至。”字面的意思是：“当踩到地面上的薄霜，便可知道结坚冰的寒冬就要到了。”履霜，就要预见坚冰将至，大有见微知著的意味。应作两面解：一是危险来临都会有兆头，当兆头来了应该懂得如何设法去规避。天气都降霜了，就该逐步地添加衣物，这本是自然规律。另一层的解释是，凡事，无论好与坏，都有一个从量变到质变的过程，没有量变就不会有质变，不会有结果。人不是一天突然就好的，也不是一天突然变坏的，德行的修养并非朝夕之功，要注重量的积累。

第二，正直端方宏大。量的积累从何处起步呢？从效仿大地开始。习德不是从学习榜样开始的，榜样也是从大地的德行修来的。倒不如直接从土地里汲取营养。大地的修养是什么呢？是“直、方、大”，即正直、端方、宏大。“直”，是说为人要品性纯正，“方”，是说办事应合乎理义。如果做人内心有正直的准则，按照合乎理义的原则做事，胸怀自然就会宏大，就能得到众人的信任和支持。古人的“厚德”，是从原初开始的，就是古人称道的真君子。

第三，奠定含章之美。人的品性内含于心，外显为美。

这种美的最高境界就是含章之美。“含章可贞”，意思是说：蕴含美好的内涵，可以守持正固。含章之美，是一种华彩内涵的美，这种美因为是蕴含的，所以它并不耀眼，但它能长久而不褪色。如果时机到来了，它就会大放异彩。这是一种阴柔之美，出于世功，用来辅佐君王，不可以居功，也是一种保全之策。这种美不像阳光那样灿烂，却如碧玉冰雪一样清澈,如同羞涩妩媚的女人,亦如谦逊儒雅的男子，拥有难以抗拒的魅力。

第四，懂得沉默是金。大地之美从不张扬，其美自现。于人而言，就是要做一个能懂得沉默是金的智者。“括囊，无咎无誉。”就是说，将口袋收紧，虽然得不到赞誉，但可以免遭灾难。俗话说，祸从口出。纵观历史，有多少英雄豪杰都是因言获罪。不是说在不义之举、不端之行面前不去仗义执言，而是说时机未到、方法不对而已。这主要还是着眼于“做事先做人”，一方面先修身然后齐家，然后治国;另一方面，当力量不足以与之抗衡之时，不如三缄其口，宁可明哲保身，也不肯与当道的小人沆瀣一气。

第五，以美德守中道。“黄裳，元吉。”字面的意思是，黄色的衣裳，会有吉祥。引申之义，是以温文之美德守持中道。因为地是黄色，“黄裳”意味着从大地修德而立于世的人。他内心谦恭修美，就能获得吉祥，大有后来的中庸之道之义。人的道德修养是一个终身的课题，人一辈子恐怕也学不来大地那种正直、端方、宏大的德性。但人生活在世界上，不可能不与外界发生联系，更何况不与外界发生联系，再潜修也不会有什么社会意义。而要与外界发生联系，就要保持住中道的美德，宠辱加身而不惧，利益缺失而不顾。

第六，保持内心和谐。配角围绕主角，终归要与主角合流。人生的最高境界，就是坤德与乾德的交会。阴极就要阳生。就会出现“龙战于野，其血玄黄”之境。“龙在旷野里战斗，流出黑黄色的血。”黑代表阳，黄代表阴，就是阴阳相争、天地相斗的格局。这个时候，人的最佳精神状态是“厚德载物”与“自强不息”相平衡。有了这种平衡，才成就了伟大的中国人、塑造了伟大的中华民族。

创基立业的关键处
——《屯卦第三》解密

善始善终，语出《庄子》。后来，人们把这个成语定义为，有好的开头，也有好的结尾，形容一个人做事非常认真，一丝不苟，有始有终。今人引用这个成语的时候，多半是强调要善终，因为好像许多人做事开头的时候都能做得比较好，比较认真，但往往会虎头蛇尾，有了开头就没了下文，没有长性，坚持不下来，因而没有好的结果。其实，善始是善终的前提，没有善始这个前提，是不会有善终这个结果的。从这个意义上讲，善始至少有与善终同样重要的意义。

关于如何做到善始，我们可以从《周易》的屯卦中汲取一些教益。

《屯卦》象征着万物初生的萌芽状态，此时正是创业的最佳时期，它昭示了人生建功立业的大格局。但我理解，人生创业之初如何确保有一个良好的开端最重要，如果不能善始，根本就谈不上善终，所以人生始于善始。做一个善始之人，务须把握好六个关键词。

一是逆势而起。创业之初，必然起于艰难之处。“磐桓，利居贞，利建侯。”意思是说，如同大石阻住了树的生长那样难于前行。但是，越是在这种情形之下，越有利于创基立业。正如古人所讲：“天将降大任于是人也，必先苦其心志，劳其筋骨，饿其体肤，空乏其身，行拂乱其所为，所以动心忍性，曾益其所不能。”纵观古今中外，凡是创业者，无不崛起于艰难之中。否则，是在顺境中的守业。即便是守业，也不会一帆风顺的。如果一顺百顺，事事顺，成就的必然是“天神”，而世界上并不存在什么“天神”，只有敢于打拼、善于打拼的实干家。俗话说，富不过三代。就是说，后代躺在前人的基业上睡大觉、图享乐，没有不败落的。我们每个人特别是年轻人在创业伊始，切莫被困难吓倒。须知，困难与成功相伴而生，困难有多大，成功的收获就有多大。在人生的起步阶段，两者是成正比的。

二是莫急于成。创业之初，切记不能急于求成。“女子贞不字，十年乃字。”字面的意思是说：“女子守贞洁不要急于出嫁，过了十年才能缔结良缘。”引申的意思，就是说，事物的发展变化都是有规律可循的，人们不能改变和创造规律，只能利用和发现规律。好的开头，往往会经历相当长一段时间的剧痛。所谓“十月怀胎，一朝分娩”，这个“十月怀胎”，就是必经的过程，是不能省略或跳跃的。这如同一个女子，你可以结婚，但结婚却不一定能生育，“十年乃字”就是说十年后才能生育，这里的“字”形为屋下有子，意为生育之意，“不”字就是不生育。这里很有意思地用女人出嫁生孩子这个人间规律，映射出莫急于求成的成事之道。

三是见机行事。“即鹿无虞，惟入于林中，君子几不如舍，往吝。”这段话的意思是：“在附近的山林中逐鹿而没有掌管山林的虞人引导，独自深入密林之中一定会很危险。君子应当见机行事，此时不如放弃，如果再继续下去恐怕就危险。”创业之初，条条大道通罗马，谁知道哪条更近，哪条更通畅呢？这就需要选择，需要取舍，需要试验。如果一条路走不下去了，大可不必一条道走到黑，自己不能跟自己太较劲，太不划算。所以说，聪明的人应该见机行事。既然知道了规律的客观性，也懂得了尊重规律的道理，那么，我们就得学会善于运用规律的艺术，增强驾驭规律的能力。

四是水到渠成。“乘马班如，求婚媾。往吉，无不利。”

意思是说，乘骑纷纷牵扯难行，若为求得婚媾，只要坚决前往就可得吉庆，无不利也。这里把创基立业比喻为一支浩浩荡荡的求婚队伍，因为前行的阻扰，一路上是历尽了千辛万苦。但千辛万苦，也折损不了求婚者前行的意志，只要他始终保持一种冲锋的姿态，他就能抱得美人归。其实，这说的就是一种水到渠成的道理。凡事，只要坚持了，没有不成的道理。这当然不是蛮干，因为坚持的前提是苦其心志，抱着不急于求成的耐力，有着预见事物发展规律的能力。如果细加品味，周易的卦辞之中蕴含着严密的逻辑，事物发展到每一步，发展到什么程度上，那都不是主观设定的，都是有着客观的、符合实际的规律可循的。

五是小处着手。创业之初，最忌的是眼高手低、眼睛大肚子小。古人早就料到了这种人性之弱。“屯其膏，小，贞吉；大，贞凶。”什么意思呢？是说人在经历了千辛万苦克服了初创阻力即将广布德泽的时候，问小事者，守持正固可获吉祥。问大事者，守持正固以防风险。在这个时候，人的能力还是有限的，尚处于羽翼未丰的状态。一件小事接着一件小事去做，绵绵用力，久久为功，是没有问题的。如果突然性起，想干大事，不是不可以，但需防患于未然，失败的风险如影随形，这时就要谨防违反事物固有规律的事件发生。如果发生了，也就谈不上善始了。

六是咎由自取。事物的发展遵循量变到质变的规律，当一事物发展到一定程度，它的自身就会滋生出影响它进一步发展的对立物。如果这个时候不失时机地突破和超越，便使自身又迈上了一个新的平台。如果认识不到这一点，看不到事物的这种变化，失败就在所难免，而失败的原因正是自己。还如此前举的例子，迎亲的马队本来可以抵达了，却因为主观的原因没有抵达，那只能“泣血涟如”了，因为娶不到梦寐以求的新娘而泣血伤心泪水涟涟的可怜样子。怪谁呢？怪自己没有把握住时机。人们在创业之初渡过了这一关，也就做到了善始。按照事物“物极必反”的规律，在亢龙有悔、龙战于野的大势中，把持住自己，能够做到善始是很难的一件事情，一旦做到了，便会是别有洞天的结果。

如何不操碎心地培养孩子——《蒙卦第四》是一帖不可不察的童蒙经

《周易》作为中华文明的元典之一，深深融合在传统文化的血脉之中，每一个中国人的文化基因里都有它的存在。《周易》固然博大精深，但研究它、阐释它并不是专家、学者们的专利。既然每个人的思想之中都有它的影响因子，普通人当然有理解它的权利和义务。而且不同的人都会有不同的理解，这应该是一个平常的道理，不应引起鄙夷和非议。

《易经·蒙卦第四》简而言之具有“开蒙”之义。人生而习之，是一个开蒙的过程，人们修养“蒙德”便是走向文明的过程。

天地开辟之初称“鸿蒙”,人生之初称“童蒙”。人之初，处于蒙昧的状态。处于蒙昧状态的生命，其生命力非常旺盛，像初生的牛犊一天天见长，即为“蒙亨”之意。人类的可贵之处在于，生下来并不是一味地野蛮疯长。人有受教育，即开蒙的内在需要；教育者，即哺育幼童成长的人也有义务承担启蒙之责，两者是良性互动的，有规律可循，否则就容易失去“正义”。这就是“匪我求童蒙,童蒙求我。初筮告，再三渎，渎则不告。利贞”这句话的大概意思。由此引申到儿童的教育，儿童的心理有着接受教育的天性，他并不是一张白纸,等着教育者泼墨作画,教育者应该启发、顺应他的这种天性。既然儿童有向学的天性，教育者就得捕捉住时机，因势利导地加以启蒙。一方面是自然的天性，另一方面是顺势而为施以教诲，这是今日素质教育的最早出处，最有力的佐证。

“初六，发蒙，利用刑人，用说桎梏。以往吝。”这段话的核心意思是，以典型教育人。教育人即规范人，规范人就得有个模型，好照着模子去做，这样说有些刻板，正着讲就是用榜样的力量影响人。今天人们也常讲“榜样的力量是无穷的”。因为对于一个处于蒙昧状态的儿童而言，大道理听不懂，小道理听不进，只有一个又一个生动的故事，一个又一个鲜活的人物才能起到潜移默化的作用。所以通常情况下，小孩子都爱听故事，既反映了他的内在需要，也顺应了教育的外在需要。从小听岳飞故事长大的人，不一定能成为岳飞，但岳飞的英魂气质一定在他幼小心灵里刻下深深的烙印。听雷锋故事长大的孩子，长大了不一定天天做助人的事，但他一定会知道助人为乐是做人的宝贵品质。

“九二，包蒙，吉。纳妇，吉。子克家。”易经是儒家的经典，儒家讲人的修养从“齐家”开始，先有家，再有国，“家国”思想是这么来的。“齐家”的意识是从小培养出来的。传统教育是让儿童从小培养三种品德：一是包容，不要咬尖，什么都不懂，还要什么都抢先，都唯我是从，无论如何也不能培养出“小皇帝”的偏执人格。二是妻贤，过去人家生儿子，老早就订娃娃亲，看重的不是对方女儿的姿色，而是门当户对的贤德。儿子长大后娶个好媳妇，才能把小日子过得红红火火，这也是今天我们平常人家的一个大心愿。三是立家，国有大臣，家有长子，特别是长子。从小就培养他“担负起家庭责任”的意识，成人之后才能成器。

“六三，勿用取女，见金夫，不有躬，无攸利。”说的是不能娶这样的女子为妻：她眼中所见的只是富有的男子。现在的人家，孩子小的时候操心学业，毕业了操心工作，工作了操心婚姻，不能不说是教育的一大缺憾。细想一想，为什么有些孩子的婚姻不能遂人意？你看，现在的离婚率多高，两个人相处了，长时间在一起不结婚，结婚了又不生孩子，真是让“空巢”的老夫妻愁白了头，操碎了心。根源在哪里呢？也能从发蒙时期找到出处。就是说培养女孩子也不要让她一心向往富有，男孩子要有一双慧眼，娶妻当娶贤妻，从思想感情上就早早地远离眼中只有“金夫”（有权有势）的女孩子。这个话题可能扯得有点远，但古人确实是很早就结婚生子的，等明白了男女之事再发蒙恐怕是来不及的。

“六四，困蒙，吝。”处于困境中的蒙昧之人，很艰难。说的是儿童的一种生存状态。开蒙的过程不可能一帆风顺，什么都不懂，要学习，不勤奋，不吃苦是不可能的。开蒙的过程，即社会化过程，不仅限于学习、自理的能力，还包括适应社会的能力，复杂得很，不吃苦，甚至不吃亏，怎么能长见识呢？现在的人都生怕自己的孩子吃苦，把孩子置于“保温室”中，保温室中的花朵怎能经得起风雨来袭呢？这个道理是压过父母的良苦用心的。单说学习这一项，不肯增加压力，是不可能培养出尖子生的，更何况儿童有好奇的天性，如果顺势利导把学习转化成兴趣，那是乐在其中的事情，何乐而不为呢！

“六五，童蒙，吉。”按照上述的路径开蒙，乃人之初的大幸。也就是说，在正确的轨道上开蒙，就有了人生的好开端，幸福的大门敞开着，快乐的生活就像芝麻开花一样节节高。

如何做一个不急之人
——《需卦第五》给我们的启迪

如果说好朋友是资源，那么，老同志就应该是财富。如果能有一位老同志从关心你成长的角度，跟你谈谈天，启发你的思维，那才是真正的传经送宝。有位忘年交跟我讲:这个世界上不管你的地位和水平有多高,你谁都管不了,只能管自己;另外这个世界变化这么快,未来是不能预测的。所以，你只能管自己，管自己的脚下，由此可以得出一个结论，就是不急。其实，他讲的这个“不急”，其中蕴含着丰富的中国传统哲学思想。正如《周易·需卦第五》所揭示的处世哲学一样。有人说，在易经的卦象之中，屯为始生婴儿时期，蒙为幼稚启蒙时期，需为等待濡养少年时期。其实，我觉得，无论长幼，需卦适合于每个人。从需卦中，我们可以得到做一个不急之人的深刻启迪。

需卦所说的，是做大事前的等待，等待一个做大事的时机。那么，在这个漫长的等待过程中，人的思想感情和生活状态，大致要经历六个阶段。

“初九，需于郊，利用恒，无咎。”说的是，在郊外等待，或者在圈子外等待，有利于保持一颗恒心，应该做好长期的准备或者储备，这样就不会有什么过失或者灾难降临到自己的头上。局外之人并不是看热闹，需要长期的学习和积累。天降大任于是人也，必得从长计议。这是第一个阶段。

第二个阶段，就是临近风浪，处在沙滩上。“九二，需于沙，小有言，终吉。”在沙地中等待，比在郊外等待更近了一步，这时根基相对松散，这时可能会有一些诽谤之言，不要去管它，坚持到底，还是吉祥的，是可以达到目的的。人有了一定的积累，总要做些事情，只要做事情，就会招惹是非。但这个时候，也不要气馁，按部就班做好自己应该做的，也是在做中的一种等待。

“九三，需于泥，致寇至。”在第三个阶段，就进入到泥沼中去等待了。因为常在河边走，怎能不湿鞋呢？更何况，随着一个人地位和能力的提升，不可能不进入到事物里面去。深入泥沼，但不深陷泥潭，这才是高手。但这个时候要注意的是，因为离目标更近了，离中心更近了，面对的环境是很复杂的，有时候进也不是，退也不是。不利因素像贼寇一样来袭。越是这种情况下，越是要稳得住。任凭风浪起，我自岿然不动。

第四个阶段会更加残酷。“六四，需于血，出自穴。”是在血泊中等待，在血泊中逃离。如果说“在血泊中等待”是一种命的安排，那么，“在血泊中逃离”就是一种运的改变。中国人是信命的，也是信运的，有时命和运连在一起，称“命运”，但实际上两者是分开存在的，既然命中注定无法改变，但我们还是要碰碰运气，运气好了，命运就会不一样。这种人生状态带有巨大的偶然性、戏剧性和挑战性。

“九五，需于酒食，贞吉。”经过了一番努力和经年打拼，终于达到了自己的目标，坐上了本应属于自己且能发挥自身能力和水平的位置。第五个阶段，如同在饭桌前等待一样。但这个时候也不能忘乎所以，不止这个时候，人在任何时候都不能忘乎所以，要记住“亢龙必悔”的教训。人在重要的位置上，需要守持正道，不能自乱阵脚，才能吉祥如意。

“上六，入于穴，有不速之客三人来，敬之终吉。”人们常说，高处不胜寒。皇帝为什么称为“寡人”？因为位极天子，没有了朋友，也没有了亲人，自然就成了孤家寡人。人不管到什么位置上，不管发展到哪一步，都得有朋友，特别是有一些诤友，在那里帮助你，能使你不至于头脑发热，一时糊涂，做些不该做的事情，犯些不该犯的错误。但是，要谨记对这些亲近自己的客人，不管是何方神圣，也不管有没有来头，都要恭敬有加，都要谦逊礼让，这样最终会保持平安，得到吉祥。这是第六个阶段。

需卦，看似更像是夺得王位的过程。但我觉得，任何一个人，只要他面对社会，特别是在社会化的过程中，从出世的修炼，到入世的练达，每一个步骤都是值得借鉴的。归结起来，它给我们的最大启示就是“不急”二字。姜子牙不急，到了七十多岁才得以施展抱负。但是，在不急的过程中，那种学习、储备、忍耐，以及意志力的培养，是不能用短短的几行文字就可说清楚，体会明白的。

取之有道，胜之不武
——《讼卦第六》揭示的世道人心

正如上文鄙见，需卦所说的是做大事前的等待。那么，在这个漫长的等待过程上，难免会发生一些与人世的纠葛，有了纠葛绕不开去，就得正视它，有理有节地化解掉，所以接着就是讼卦。

讼卦就是教人如何打官司。但在古代社会打官司是等而下之的对策，特别是不允许民告官，那是大不孝、大不敬。今人解决争端走法律程序，是司空见惯的事。但在中国传统文化看来，讼争之事还是以和为贵，至少不应该两败俱伤。这就要求人们恪守“取之有道”的古训，我觉得还是有很大的教益在里面的。

“讼，有孚窒惕，中吉，终凶。利见大人，不利涉大川。”意思是讼卦象征争论诉讼，是诚信被窒碍，心有警惕戒惧，中途吉利，结果凶险。利于出现伟大的人物，不利于涉越江河巨流。打官司要诚信，有证据。打官司劳神费力，所以不得不小心谨慎。官司打到一定程度适可而止，虽然相争依然会吉利。如果死缠烂打，到最后一定是两败俱伤。

当今社会越来越复杂，并不是人人讲诚信就能化解掉争执的，更何况十个指头不一样齐，不可能再回到人心古朴的世道。祈求大人物的裁决更是一种人治思想，在法治社会下既不足取又做不到。但凡事不要做到两败俱伤，倒是警醒世人，通过法制的健全来规避这个结果，否则这个社会公理何在？正义何在？一定要让诚信者胜诉，让不诚信者吃亏。这才是社会治理现代化的圭臬。换言之，大人物要幻化成完善的法制，才能保障涉越江河巨流者的合法权益不受侵犯，化凶为吉。

一、不争是前提。“初六，不永所事，小有言，终吉。”从小处而言，轻易不要起争执，争来争去争不出个所以然来。中国人向来多一事不如少一事，但一旦牵涉到个人利益就会当仁不让。不过宽容大度一向是君子之风，“千里家书六尺墙”的典故至今为人称颂。从大处来说，争论容易耽误事，容易错过发展先机，“不争论”是邓小平同志的一大发明，在古代文化当中也能找到端倪。

二、逃避是下策。“九二，不克讼，归而逋。其邑三百户，无眚。”说的是下级讼上级，或者民告官，必败无疑。失败了怎么办呢？就躲避起来，在家里忍气吞声，否则一场灾祸就会降临。这是一种消极怕事、息事宁人的态度。这种态度在“君主是天下百姓的父母，官吏是君主在地方的代表”的古代社会，是不得已的选择。现代社会则不然，在司法公正的情况下要敢于应诉，维护自己的合法权益。任何人都没有凌驾于法律之上的特权。一言以蔽之：没事别惹事，有事别怕事。

三、命里有定数。“六三，食旧德，贞厉，终吉。或从王事，无成。”说到打官司怎么又扯到秉承祖先的余荫了呢？这得从诉讼的起因说起。如前所述，争执源于诚信受到了窒碍，涉及两个方面的原因。内敛的中国人往往先从自身找原因。祖先将家财一代一代地传下来，后人只有安分守己地守着它过日子，才能平安无虞。这段话实际上是在告诫人们，子孙要有一种危机感，谨守正道的家训家规，不张狂乱为。为官者本分地做事，不居功自傲，不贪赃枉法，才可能延续祖先创下的基业和荫德，否则就会被告发，官司上身，自身难保。换言之，只要自身守持正道，就不怕诉讼缠身，终究会顺利渡过难关。

四、输赢平常心。“九四，不克讼，复即命渝。安贞吉。”如果诉讼失败，能够回头走上正道，改变初衷，顺乎自然，守持正固可获吉祥。打官司一定会有输赢，在司法公正的情况下，赢得起，也要输得起，要承认败诉的事实。错了的及时纠正过来，缺失的要遵从判决结果弥补上，还是可以回到原点的。经历了一番诉讼，吸取了教训，增长了经验，未尝不是一件好事。这也是将坏事转化成好事的道理所在。

五、公平在法律。“九五，讼，元吉。”公平公正地诉讼，至为吉祥。古人把公平公正的诉讼，还是归结为“九五之尊”的大人。这一点已说过是不对的。

六、正道是沧桑。“上九：或锡之鞶带，终朝三褫之。”但是，也不要高兴得太早。得到“九五之尊”的垂青，可能会被委以重任，但是也不得不正视“在一天之间，多次被夺去冠带”的残酷事实。所以，做人做官不得不战战兢兢，如履薄冰。靠打官司得到升迁终非人间正道，这样的人不值得尊敬。

如何做一个优秀的领导者
——《师卦第七》启示的为官之道

一个优秀的领导者，是一个地区、一个单位、一个部门之福，是影响甚至左右事业发展和个人进步的关键因素。如何做一个优秀的领导者，优秀领导者的标准是什么，想必是众说纷纭的一个话题。如果从传统文化的角度、从《师卦》的解说中，能够找到一些答案，倒是很值得玩味的一种分享。

一、“师出以律。”做一个优秀的领导者，首先要以严格的律令约束部众。带兵打仗第一位的要求就是军队的纪律，这是战斗力的要害所在。孙武能够以严明的纪律把妃子军训练得令行禁止，敢于赴汤蹈火上前线；红军能够以

“三大纪律八项注意”奠定革命胜利之本，体现的都是纪律的极端重要性。一个团队有没有战斗力，关键是要有严明的纪律，把贴在墙上的规章制度不折不扣地执行起来，一以贯之，这就是师出以律的道理。

二、慑服属众。领导者的权威，要靠权力、真理、人格三股力量来建构。权力是得来的，真理是学来的，人格是修来的，三者综合起来就形成领导者的魅力。但是仅有这三条是不是就够了呢？不见得！“在师中吉，无咎。王三锡命。”过去率兵征战，背负的是王命。军权王授，谁胆敢不听号令？现在强调“看齐意识”和“核心意识”，不是要束缚地方干部的手脚，而是在为做好地方上的事情提供法理依据，地方上的事情办好了，举国的事情哪有不成的道理？一个国家的领导核心要靠人民可以信赖的各级领导者，才能慑服万邦。

三、决绝之心。一个领导者不是把事业作为自己的生命，而是整天考虑自己的升迁，没有能够慑众的道理。战争是要死人的，历史上没有常胜将军，“师或舆尸”，打了败仗，要成车成车地往回拉尸体。如果统兵之将，没有身先士卒赴死的决绝之心，谁还能跟着你向前冲？所以，一个优秀的领导者一定是抱着决绝之心与大家同甘共苦，把自己的荣辱甚至生命都交给了他所从事的事业。这一点和平时期可能看得不清,感受也不深。革命战争年代不就是如此吗?改革也是一场革命，如果瞻前顾后，患得患失，怎能啃下一块又一块硬骨头呢!

四、进退有据。这主要是领导方法和领导艺术的问题。胜败乃兵家常事。“师左次，无咎。”率军退守，不会有什么灾祸。领导工作，常有进退。形势好的时候，大家积极性高涨的时候，就往前冲一冲、闯一闯；形势不好的时候，大家情绪低迷的时候，就往后退一退、停一停。对形势的判断很重要,不仅需要领导者的睿智,也需要领导者的魄力,关键是领导者能够驾驭有方,操控自如。这其中有酸甜苦辣,有风险担当，更有妙趣无穷。相对于决绝之心，进退有据需要的是高超的领导智慧，许多道理是难以言尽的。

五、刚正不阿。“长子帅师，弟子舆尸”，委任刚正不阿者统兵打仗，说明用人得当。委任无德小人必将车载尸体败归，说明用人不得当。这是选人用人的问题。但也从另一个侧面反映出对领导者的要求。其身正，不令则行；其身不正，授命不从。领导者守持中正，公平对待部属，不偏不倚，“一碗水端平”才能服众。如果在极端恶劣的情况下只有一碗粥，领导者自己吃掉肯定不成，给身边的亲近者吃也不成，只有大家一人吃一口，才有力气站起身，才情愿跟着你往前面走。刚正不阿，就是铁面无私，不徇私情，不出尔反尔，不变来变去。

六、“小人勿用。”说的是不能任用小人做领导者，也可以理解为领导者不能重用小人。古代打仗前后都要在宗庙举行隆重的仪式誓师或者颁奖，比如得胜归来，要论功行赏，立大功者要列土封疆，立小功者赐予采邑，但不能奖赏小人，否则会乱国。小人得志便猖狂，特别是如果领导者被小人抓住把柄，即使不随着小人转，也会被小人弄得焦头烂额。一个团队里必然有小人作怪，只要不委以重用，他也就掀起不来什么大浪。一个优秀的领导者，不仅善于引领君子之流共同做事，也善于防止小人之辈暗中坏事，这个道理明白是明白的，但能够做到确也不易。

每个人都是关系网上的一个扭结——《比卦第八》"比"出的别样滋味

我对《易经》的另类解读，有朋友友善地不以为然，奉劝我不要触及方家的容忍度。此言谬也。有言在先，对经典的学习领悟，每个人自有他的出入管道。知识忒多，不必详查，自娱尔，况且比会处境，有感而发，不在警醒世人，仅在个人把玩一番，以增尽善之心。这才有了《比卦第八》的分解。

如果说《师卦》是讲如何做一个优秀的领导者，以上率下，统领众人，那么，《比卦》便是讲如何做一个守持中道的君子，处理好人际关系，正所谓人间正道是沧桑。比，有多重含义，本意是指一种亲密无间的状态。由此可见，“比”是一个中性词，君子可以比，小人也可以比，但君子的比和小人的比，其结果是大相径庭的。这里主要讲君子的比，就是说在这个社会上如何做一个有群众基础、好朋友较多的好人。

一、“有孚比之，无咎。”意思是说，心怀诚信，相亲相辅，没有灾祸。与人交往，首先是出于诚信。以诚待人，这是做人的基本准则。如果出于某种目的，或者有求于人，或者是为了达到某种交易，或者强行占有对方，才主动示好，搞得“甜哥们儿蜜姐们儿”一样，出发点就是小人的做派，不但会使对方上当受骗，自己也不能长久立足。所以，在一个团队中，你一定要秉持诚实的心意，就是想诚实地与大家做事，与大家搞好团结，这样自己才能太平，不至于招致灾祸。

二、“比之自内，贞吉。”意思是说，相亲相辅是发自内心，结果就可获吉祥。这其实说的是交往中个人的主动性，主动地以心换心，而不是被动地等待，这又进了一步，不但不会招致灾祸，而且能获得吉祥。所以，与人交，能得到大家的广泛认同，并不是说你这个人很老成持重，没有什么坏心眼子、花花肠子就可以了，只能说明你这个人很好，但不一定能成为你的好朋友，因为你这个人太不善于交往了，三脚踹不出一个响屁来。主动地与人交往，有困难的时候大家就会主动地帮助你。在一个团队里做事更是这样，关键的时候就有人呼应你，大有群众领袖的架势。

三、“比之匪人。”意思是说，相亲相辅于不应当亲近的人。亲近你反感的人，确实是强人所难，甚至是一件很悲伤的事。但是，如果从正面来理解，你要善于团结那些与你的意见不同、与你的性格不合，甚至与你的品德相反的人，你的心胸该有多宽容、大度。有人说，在一个单位，宁可得罪十个君子，不得罪一个小人，小人不是与你不相干的人，小人往往是坏你事的那个人。我们宁可从正面来理解“比之匪人”的道理，但是与“匪人”交，不仅要出于诚信，发自内心，同时也要有所防备，否则就是一种木讷。从长计议，老实人不吃亏，但吃亏的往往都是老实人。所以，一方面要团结自己眼中的“小人”，又要有所区别，做到心中有数。

四、“外比之，贞吉。”意思是说，在外亲密亲辅于君主，结果可获吉祥。这是说如何处理好与领导的关系。与领导相处，往往都不是双向的，都是单向的，保持对领导的忠心、负责就可以了。俗话说，跟人跟对了还可以，跟不对了往往就一起进去了，获得的就不是吉祥，而是灾祸了。当然，贤明的领导刨除在外，但许多人、许多事，贤不贤往往在一念之间。为什么党内倡导建立同志关系呢？就是彼此，特别是对待领导不要搞成亲密无间的人身依附关系。革命友谊最长久，工作关系最牢靠，就是这个道理。但这又并不是说，敬而远之，同样要出于一种真诚，发自肺腑，领导跟“小人”是不可以等同的。

五、“显比之吉，位正中也。”意思是说，光明正大地相亲相辅，是最靠谱的。这是说给领导者听的。过去君王狩猎，由三面包围驱赶，听任前方的禽兽逃走，只追逐而不猎杀，这是为君之道。他不是斩尽杀绝，而是舍逆取顺，这样才能天下归心。那么，这就给了贤明之人择主而侍的机会。铁打的营盘流水的兵，天高任鸟飞海阔凭鱼跃，这才是一个单位的正常生态。在对待去留这个问题上固然需要领导者的通达，也需要个体的体认，如果能够在一个环境宽松、氛围和谐的团队里工作和生活，那也是人生的幸事，也是自己作出选择的重要依据。无为而无不为，如果把领导者的包容和忍让，当作是一种无能无力的表现，反而表现出自己的某种强势，那就大错特错了。

六、“比之无首，凶。”相亲相辅于人而不领先居首，有凶险。这就是无原则地讨好于人的下场。战斗力来自原则性。任何人与人的交往，都是有原则性做底线的，即使是父子、夫妻最亲近的人，也不是无原则地迁就、俯首听命的。“老好人”为什么吃不开呢？就是因为他没有原则性，就像墙上的芦苇一样随风倒，一会站在这边，一会站在那边，结果两边不讨好，久而久之自然会被大家抛弃的。

人是社会关系的产物，每个人都是关系网上的一个扭结，看来做君子是前提，能“比”好才是关键。

试看“穷”时如何善其身
——从《小畜卦第九》悟出人生道理

古代君子一向倡行“达则兼济天下,穷则独善其身”。达,自然是指发达,高升,做大官,干大事;穷,当然是指落魄,贫穷,无权无势,没有影响力。《小畜卦第九》说的就是人处在“穷”时,如何修养自己,才能发展到“达”的状态,或者说到了“达”的状态而能保持住吉祥,不至于重回落魄状态的道理。

柔又弱小,故称小畜。事物的发展都有一个量变到质变的过程,人的成长进步也是如此。人不可一日暴富,也不能一步登天。那么,人如何才能富有,如何才能成为挥手云集的英雄好汉，都是一点一滴积累出来的，正所谓万丈高楼平地起，首先要筑牢根基一样。那么，人生的小畜状态，又是一种什么样的状态呢？

“初九，复自道。”意思是，下乾要返回自己的阳刚之道，哪里有什么灾祸呢？这是吉祥。人生天地之间，总归要向上生长。这段话可以引申为，人之初，有一个大的志向，这本身不是什么坏事，应该是好事。人贵在立志，从小立志做大事，发大财，为社会出力，为世间造福，这是自古至今都这么教育的。没有哪一个人天生就甘愿生活在社会的底层，哪一个家长不都是望子成龙、望女成凤呢？所以，我们在刚刚涉足社会的时候，一定要胸怀大志。这既是人性的需要，也是文化的要求。

“九二，牵复，吉。”意思是，被别人牵引着返回阳刚之道，也是吉祥。人之初，生活不能自理，当然需要父母亲人的照料，等到生活能自理了，处世还不能自立，必须由师长来引导。否则，就成了野孩子，没有人疼爱，没有人管理，空有志向也不能走上正道，这于人生是多么痛苦的一种处境啊。好在，我们绝大多数人都被成人牵引着，一步一个脚印地成长起来，这是人生之大幸，不能生在福中不知福。人生有了牵引，才能走上正道，走上正道才能有积蓄，有了积蓄才能实现理想和抱负，就是这样一个逻辑。这基本上是我们人生的求学阶段。

“九三，舆说輹，夫妻反目。”意思是说，车轮和辐条在行进中散脱，结发夫妻反目离异。人谓“人情喜群居而恶离索，故内则有家室，而外则有朋友”。俗话说，糟糠之妻不可弃，人家在你年轻打拼的时候与你同甘共苦，一起经风沐雨，你大富大贵了怎么能抛弃人家呢？良心何在？换言之，小畜是人生原始积累的阶段，很辛苦，会有很多牺牲，但一定要处理好家庭关系，不能后院起火。否则就会前功尽弃。人在江湖，在最困难的时候与老婆孩子相濡以沫，共渡难关，也是人生一大幸事。如果夫妻都反目了，还积蓄什么、发展什么？

“六四，有孚，血去惕出。无咎。”说的是，捕获了俘虏，暂时解除危险，能够免除忧患，不会有灾难。在上升发展的过程中，在与人交往的过程中，要诚信，志趣相合最重要。多个朋友多条路，朋友多了，小畜的路就会越走越准，越走越宽。否则，前行的路容易被堵死。有志同道合的朋友帮助，即使面临血腥恐怖的形势，也能化险为夷。也就是说，在向上的时候，要学会变通，但这种变通又不是要滑弄奸，要以真心换真心，以真情换真情。歪歪心眼子，肯定不会长久，早晚会出差错，遭报应。如果一味地顺其自然，也不能成事，也不能绕过灾难的。

“九五，有孚挛如，富以其邻。”是说，用诚信来建立与别人之间的紧密联系，自己富了的同时也使近邻富起来。小畜而富不是只自己富，是和大家一起富。如果这个时候只有你自己鹤立鸡群，那结果一定是风声鹤唳。这也是改革开放以来一直实行一部分人先富起来，然后先富带后富的哲学依据。这个哲学当然是中国哲学，正如孔子所说“不患寡而患不均，不患贫而患不安”。传统社会强调的是分配公平、社会安定。因为分配不公，导致社会不安。一个人也是这样的道理，高处不胜寒，不应该你冒尖的时候，一定要韬光养晦，善于守拙。

“上九，既雨既处，尚德载。妇贞厉，月几望；君子征凶。”这段话的解释是密云已经降雨，就应当安于现状，重视修载圆满的功德。此时妇人应坚守正道以防凶险，就像月亮将圆而未盈一样。这时君子若往前进发，将遭凶险。小畜处于上九，也就相当于“达”了。这也是小畜的目的所在。但这个时候，除了自己要如履薄冰之外，家庭成员不招惹是非最为关键。人到了金字塔的上头，不能头脑发热，要继续一如既往地加强修养，搞好自己的家风家训建设，不注意这些依然抛头露面的，没有不败露的。这样的下场是人们不愿意看到的，而于个人又往往是后悔不及的事情。

人生百年的“十二字”要诀
——《履卦第十》讲述的人生哲学

古人云,“仓廪实而后知礼节”。马克思、恩格斯也指出:人们为了能够“创造历史”,必须能够生活。但是为了生活,首先就需要衣、食、住以及其他东西。因此第一个历史活动就是生产满足这些需要的资料,即生产物质生活本身。人类的精神生产不是纯粹与物质无关的活动,精神文明的发展需要一定的物质条件,这些物质条件正是物质文明提供的。《履卦第十》出现在《小畜卦第九》之后,正是说明了,因为物产蓄积得较为丰富后,才会有礼仪的制定和认真的履行,才会积聚汇合而成浩浩汤汤的中华文明。仅就个体的生活道路而言，《履卦第十》为人们提供了“十二字”要诀。

一、淳朴。“初九，素履，往无咎。”是说，以淳朴态度前行不会有灾祸。人之初，或者少不更事，都应该本着一颗朴实无华的心地去生活，去工作，去与人交往。人们不会因为你不懂、不会、不能而反感你、厌弃你。无知者无畏，无欲者则刚，要相信社会的良性机制和大多数人的善良之心和公正之举。不能涉世不深，便油嘴滑舌，一副“老炮”的做派。祖上教导我们，为人老实才是正道，老老实实做人，踏踏实实做事，走好人生的第一步，面前就不会有太多的困难、太大的障碍。

二、坦荡。“九二，履道坦坦，幽人贞吉。”这句话的意思是心胸坦荡地行走在平坦的大道上，隐士坚守正道可获吉祥。我觉得这话的重点在前，首先得心胸坦荡。大道宽且直，心宽的人越走路越宽，心窄的人越走路越窄，跟路的宽窄没有关系，都是一种内心的感受。有一句广告词说得好，心有多宽，舞台就有多大。老实本分是一种淳朴，如果老实本分加心胸狭窄，那就是一种愚昧。这里面还有一个后缀，“幽人贞吉”，幽人即隐士。我们可以把这段话完整地理解为，为人坦荡正直，不沾染世俗的污秽习气，就能有一个好的前程。

三、察势。“六三，眇能视，跛能履，履虎尾，咥人，凶。武人为于大君。”译文是目盲却硬说自己能看清东西，脚跛却硬说自己能走路，不知不觉踩到了老虎的尾巴，老虎咬人，必定会遭遇灾祸。有勇无谋的武士要争夺君王的位置。这说明一个人要善于观察，明白自己的方位和定位。比如，从事某一项工作，一定要对面临的形势有一个清醒的认识，对做好这项工作有一个清晰的思路，对自己的基本情况和能力水平有一个清楚的估计，否则就很麻烦，不仅不会有所成就，反而陷入事务主义的泥潭，甚至会遇到凶险。

四、谨慎。“九四，履虎尾，愬愬，终吉。”说的是，已踩到了老虎的尾巴，十分恐惧，但小心行事，终究会获得吉利的预兆。俗话说，伴君如伴虎。又说，小心行得万年船。但如果从正面来理解，从“礼”上来理解，人无论处在什么位置上，都要有所敬畏，敬畏良心，敬畏权力，敬畏法律，都要战战兢兢，如履薄冰。无论从正反哪个方面说，谨言慎行，都是万全之策。特别是身居高位者、为人师长者，更应该有所戒惧，不事张扬，才能站得更高、走得更远。

五、莫躁。“九五，夬履，贞厉。”行为急躁莽撞，行事有凶险之象。急躁是做事之大忌，不仅乱人心智，而且容易出现纰漏，授人以柄。所以，有的人说，当你遇事要发脾气的时候，一定要深呼吸，在心里默念几个数字，然后再决定是否释放胸中的怒气。天道讲究谦恭，应该多听听不同的意见，有些意见截然相反，甚至很刺耳，都要先听而后动，否则就容易冲动，冲动之后必然后悔，这个世界上是没有后悔药的。莫急，也体现在行事的过程中，不能急于求成，不能有了开始却没了结尾，莫把开始当高潮。急于行事，欲速则不达，铸成人生的遗憾。

六、周密。“上九，视履考祥，其旋元吉。”行为审慎，遇事周密而反复考察，大吉。生而为人，不仅有肉身的束缚，更有精神和心理上的瓶颈。但是，如果能够得法，总会有超乎常人的地方。失败的人，如果不善于总结教训，就永远是一个失败者；成功的人，如果不善于总结经验，不可能总成功。人生经验教训的获得，源于实践，源于不断的周密而反复的考察。创业难，守业更难，难就难在不能超越自我，不但不能超越自己，往往还些许成绩就自我陶醉、忘乎所以。所谓不忘初心，方得始终，就是不忘自己的出处，不忘艰辛付出洒下的汗水，不忘自己从什么地方来、要到什么地方去，从而不迷失前进的方向。从这个意义上说，人生没有竟时，创业没有止境，成功总在路上。

淳朴、坦荡、察势、谨慎、莫躁、周密，不过是一些概念，如果把这些概念与自己每时每刻的生活密切联系、对照起来，就会变得鲜活、灵动起来。

外柔内刚与君子之道
——《泰卦第十一》的现世启迪

“泰”意味着吉祥，它的前提是“履”，即循制而行。在传承与创新这对矛盾中，大多时候传承是占上风的，创新是偶尔露峥嵘。没有创新，社会就不能发展，但总是变来变去，就容易生乱象。所以，稳健的中国人，走一步，要回过头来看两步，不至于偏向，这大概就是守持中正吧。具体到个人，就是恪守内刚健、外谦和的君子之道。

那么，如何才能做到外柔内刚呢?

首先，要永远保持向上的姿态。“初九，拔茅茹，以其汇。征吉。”如果拔起茅草，它们根系相连。说明物以类聚，互相牵动。所以，在同类中往上生长是吉祥的。人生也是如此，从来都不是一个人的战斗。自古得道多助，失道寡助，在同道中人之间，永远保持冲锋的姿态，就是要有远大的志向，有建功立业的进取心。

第二，要涵养与君子匹配的德行。“九二，包荒，用冯河，不遐遗。朋亡，得尚于中行。”说的是君子要有四种德行，或者是干事创业必须坚守的四个原则：一是包容乃大的胸怀，二是涉越大河的气概，三是广纳贤士的品质，四是不结党营私的个性。这一切都得之于光明正大。这四种德行或四个原则，都见之于行动，都得事儿上见，说起来冠冕堂皇，做起来打掉牙和血往下吞。不过这是一个人一生的追求，也可以说是一辈子的心理安慰吧。

第三，要经得起时间和实践的检验。“九三，无平不陂，无往不复。艰贞无咎。勿恤其孚，于食有福。”世间事，没有平地不遇沟坎的，没有一味前行不折返的。但是，只要在艰难困苦的环境中坚守正道，终究会免遭祸患的。不要担心，能取信于人，生活就会有福报。有人说，生活就是折腾，主观上不折腾，客观上也会折腾。能不能经得起折腾，就是君子和小人的分野。君子不见利忘义，不为财舍命，不介入无谓之争，君子能保有四种德行，能保持四个原则，能说到做到，怎么就不能有好报呢？

第四，要赢得同道中人的信任与支持。“六四，翩翩，不富以其邻，不戒以孚。”像飞鸟从高处连翩下降，虚怀若谷，说明此时不以个人的殷实富贵为念；与邻居相处，不互相戒备，彼此以诚相见，讲求信用，因为这是大家内心共同的意愿。君子不是孤家寡人，孤家寡人是伪君子。君子以诚信为本，即使不靠谱的邻人，也能感化。“心存诚信，没有戒心”，是一种返璞归真的人生取向，现实生活中也许没有这样的人，但是彼此能发此心愿，必然能合力干成大事。

第五，不要相信君子必然吃亏的俗套。“六五，帝乙归妹，以祉元吉。”是说帝乙把女儿嫁给贤德而又富裕的人家，因此获得了深厚的福分，是大吉大利的事，说明因为实现了长期以来心中祈求的意愿，所以结果是吉祥的。君子常常吃的是小亏，最终还是赢得大利的。世道人心，人心都是肉长的，在一个单位怎么能总让一个默默无闻、辛勤耕耘的“老黄牛”吃亏呢？不过，这位“老黄牛”耕的得是自家的地，不能荒了自家的地，肥了别人的田，而且耕自家的地也得耕出本事来。

第六，要审时度势顺势而为，凡事不可强求。“上六，城复于隍，勿用师，自邑告命，贞吝。”城墙倒塌在久已干涸的护城壕沟里；这时决不可进行战争，应减少烦琐的政令，以防止可能出现的土崩瓦解的局面。城墙倒塌在久已干涸的护城壕沟里，说明形势已经向错乱不利的方面转化，其前景是不大美妙的。我们说，完全由着自己的美好初衷去行为做事，那不是真君子，可能会是呆君子，而呆君子于人于己又有什么用呢？所谓识时务者为俊杰，世道变迁，世事沧桑，都有规律可循。高明的人，真正的君子之道，在于因势而谋，应势而动，顺势而为。这不免又陷入到了人生的悖论和尴尬境地，人往往都是后知后觉者，哪有什么神明相助能使自己始终是一个先知先觉者啊！

泰极否来，何以应对
——《否卦第十二》揭示人生命运

天下合久必分，分久必合。正应了一句“泰极否来，否极泰来”古老的辩证法。事物总是在矛盾双方既对立又统一的过程中发展的，人生也不过如此。人无百日好，花无百日红。当突变发生的时候，不要慌张。但人不可不居安思危，也不可不知难而进。首先应需对规律有一个大致的把握，研究它，能够掌控的时候掌控它，即便掌控不了，也带着一种审美的眼光审视它，岂不是人生之快慰！

“否之匪人，不利君子贞，大往小来。”——为小人所隔阂，这是不利于君子精进的，事业也将由盛转衰。今人也有许多相信的，经常抱怨命中犯小人，或者近来诸事不遂，有小人从中作梗。这里的“小人”也可指某一个人，更多的是泛指生活中的诸多障碍。善于清除人际交往中的人为障碍，是处世的第一要诀，这样就可以积极主动地延迟“否”的到来。那么，具体何以应对呢？且看否卦的发生机理。

“初六，拔茅茹以其汇，贞吉，亨。”——拔掉茅草，根系牵连，同类汇聚在一起。坚守正道可获得吉祥，亨通顺利。人无论是处于“泰”时，还是处于“否”处，都面对一个共同的环境。成也萧何，败也萧何。其实，这个“萧何”就是韩信的命，这个“成”与“败”就是韩信的运。人们说人的命是无法改变的，因为人不能决定自己的出身，但是运是可以改变的，如果韩信不拥兵自重、不觊觎王侯，就不一定招致杀身之祸。为什么同处一个屋檐下，同在一个环境中，有的人就能脱颖而出，有的人就抑郁终生呢？《周易》告诉我们，坚守正道才能亨通顺利。

“六二，包承，小人吉，大人否。亨。”——接受奉承，这对小人来说是吉利的，而对于君子而言，不接受它才可通泰顺利。小人得志，志得意满，就容易走到尽头。盖源于有了权力，周围讨好的人多了，拍马溜须的躲都躲不掉，久而久之，忘记了自己的出处和初心，没有不跌跟头的。而正直的人始终保持清醒的头脑，知道什么话该说，什么事不该做，行为举止都得体。虽然灾祸不一定躲着他，至少不会主动地与之投怀送抱。当人有权的时候，战战兢兢，如履薄冰，“泰”不会满，何有“否”之来？

“六三，包羞。”——包容别人对自己的羞辱。人的胸怀是否宽广，格局是否大气，不看他如何要强上进，从他对自己对立面的态度上才能看出。一个当政之人，善于团结那些与自己有不同意见的人，才是一个大度的领导者。甚至对曾经打击过自己的人，也不以牙还牙，更不能借机报复。如果报复了，是必带来更大的报复，冤冤相报何时了，总会有虚可乘，不会有常胜将军。实际上，包容羞辱自己的人很难做到，但要不至于泰极否来，非如此不可。

“九四，有命无咎，畴离祉。”——奉行天命没有祸害，让相关同类一道得到福祉。封建社会的农民起义，多以“替天行道”作为组织动员口号，替天行道意味着什么呢？意味着能一起大碗吃肉，大碗喝酒。马克思也说：“人们为之奋斗的一切，都同他们的利益有关。”又说：“思想一旦离开‘利益’，就一定会使自己出丑。”一个人无论干什么，都要使其利益攸关方“共赢”，否则就会成为孤家寡人。说白了，大家跟你干，认你这个大哥，给你卖命能得到什么？如果什么也得不到，堡垒最容易从内部攻破。

“九五，休否，大人吉。其亡其亡，系于苞桑。”——

闭塞黑暗的局面停止，贵族王公可以获得吉祥。危险！危险！时刻警醒着，危险依然存在，这样才能像丛生的苞草、桑枝一样周全。这说的就是居安思危的道理。人处于顺境之时，要经常想到危局随时会发生。就像安全生产一样，如果平时掉以轻心，出了事就是大事。如果时时把安全的弦绷紧，就不会发生问题。所以，安全生产的最大成绩就是平安无事，而人们往往会认为平安无事是很自然的事，没有多少人会念及安全生产保障和监督者的功劳。

“上九，倾否，先否后喜。”——已致闭塞黑暗的极点，必然倾覆，起先犹有闭塞，最终通泰欢喜。道路是曲折的，前途是光明的。事物都是螺旋式上升、曲折式发展的。人生的路不可能总是平坦的，既然困难在所难免，低谷总会发生，不妨隐忍坚持住。什么是成功？当你再也坚持不下去的时候，再坚持一下，成功就告成了，就达到了“否极泰来”的人生境界。

泰极否来与否极泰来，交替着构成人生的乐章。如果我们能够从审美的视角看待这一切，“泰”和“否”又算得了什么呢？

喜忧相系的朋友圈
——《同人卦第十三》的启迪

在达沃斯世界经济论坛2017年年会开幕式上，习近平主席再次呼吁世界各国秉持“人类命运共同体”意识，共促全球发展。“人类命运共同体”理念，不仅彰显了世界第二大经济体对全球的责任与担当，也凸显了中华民族五千年悠久历史的文化与传承。这种理念可以从《周易》的“大同”思想见其发端。

“同人于野，亨。利涉大川。利君子贞。”——聚众于郊外，亨通顺利。利于涉越江河巨流，有利于君子卜问。荀子说过：“人，力不若牛，走不若马，而牛马为用，何也？曰：

人能群，彼不能群也。”人的力气比不上牛，奔跑比不上马，而牛和马都被人利用，为什么呢？因为人能团结，它们不能团结。同心同德，是领导人成事的基础条件。一个国家也好，一个单位也罢，不能同心同德，连干事的基础都不牢，还奢谈干成什么大事。

“同人于门，无咎。”——刚出道就能聚合志同道合的人，没有灾祸。一个人立于世，总有涉世的开端。能不能很快地融入社会环境，进入事业状态，取决于跟什么人做什么事。跟对了人，就会少走弯路；跟错了人，甭说取得不了什么成绩，弄不好就会招致祸端。正所谓，得道者多助，失道者寡助。在民族危亡的关头，世界上伸张正义的同道出手相助，有利于转危为安，比如抗日战争，世界上那么多的友好国家和人士伸出援手。于个人也是如此，没有朋友的生活该是多么枯燥乏味。

“同人于宗，吝。”——只在宗族内部聚合志同道合的人，是偏狭的，就会面临艰难。也就是说，搞小圈子，搞小团结，就不利于大团结，因而就不能团结大多数人。所谓“吝”，是说你这个人心胸太窄了，只对自己的人好，那么一个国家不分崩离析，一个单位不人心涣散才怪。只与同宗的人相应，未免显得吝啬、狭隘，没有天下为公的志向。门户之见、宗派利益，非坦荡君子所有，君子不党。历史上武则天就犯了“同人于宗”的忌，独用专宠武姓之人，导致政权衰亡。

“伏戎于莽，升其高陵，三岁不兴。”——在深山密林隐蔽军队，登上高处察观形势，这般谨慎，恐怕多年也不会出兵打仗。与其说是军事上的一种谨慎，毋宁说是政治上的一种智慧。穷兵黩武追求的是一种霸道，求同存异展示的是一种王道。真正的王道并非滥施仁义，一定是有强大的军事实力作后盾，军事上做好打仗的准备，政治上登高望远，善于在战略上纵横捭阖，不要以为军事斗争的准备没有意义，它是一种潜在的实力，如果没有强大的实力为依托，利益纷争就会受制于人，而受制于人当然就没有求同的资本。

“乘其墉，弗克攻，吉。”——登上敌方城墙，又未将其全城攻占，吉祥。有人说，爬上了敌人的城墙，从道义上讲应该停止攻城。之所以不继续攻打为吉利，因为困守之敌可能逞其狡诈。但从战争的本质来看，征服是其根本目的。如果继续出击，敌人作困兽斗，我方不免牺牲巨大代价,即使占领整个城池也不一定使之屈服。古有诸葛亮“七擒孟获”的典故，今有美国打伊拉克的反面例证。和平是人类的共同愿景，即使是正义的战争，也是维护和平、保护和平的手段，当战争是以保证和平的到来，便主动停止战争，谋求新的和平，这便是中国人古已有之的思想。与人交往也是如此，强势只是针对恶势，而足以扼制恶势的时候，何必保持强势呢？

“同人先号啕而后笑，大师克，相遇。”——聚合起来的人们，先是号啕大哭，继而欣喜若狂，大军克敌会师。这是对战争转败为胜的描写。暗喻求同之路并不平坦，一个民族欲强大无比，必先遭受无数磨难。正如孟子所言：天降大任于是人也，必先苦其心志，劳其筋骨，饿其体肤，空乏其身，行拂乱其所为，所以动心忍性，曾益其所不能。中华民族近代以来所遭受的屈辱，也是今日中国日益走向强大的动因。遭受屈辱并非寻仇报复的借口，而是世界不再战、珍爱和平的历史殷鉴，这就是中国人的独特思维。这也是世界走向大同、人心所向的历史文化基因。

“同人于郊，无悔。”——聚众于郊外，致祭于神灵祝贺胜利，自然没有悔咎。历史不能重写，但历史有许多惊人的相似之处。人生不能轮回，但人生要经历许多相似的大起大落才归于终点。从出世时站在茫茫四野的无助寻找，找到一起通向滚滚红尘的命运相同的人，到成功后不离不弃举杯相庆，干出一番轰轰烈烈的事业来。这是一条无悔的路，也是正确的选择。求同存异，于国家于民族于个人，都是沧桑正道，不可不察。源于此，请经营打理好我们喜忧相系的朋友圈。

大有无不有
——《大有卦第十四》的远古回音

近年来，中央电视台的“诗词大会”节目很火爆，没有歌声，没有舞乐，没有爆料，也没有搞笑，居然能如此引人注目，甚至引人入胜，足见中国传统文化之妙。《周易》作为传统经典之一，尽管没有诗词营造的意境，寥寥数言给人的启发同样是意味深长的。比如，大有卦，讲大有元亨。什么是“大有”？大有收获，象征亨通顺利。那么，如何看待“大有”？其实就是一种感受，活着就是大有，健康不生病就是大有，亲人平安幸福就是大有，日有所进，日子一天天地变好，就是大有。大有就是一种心态。如果没有一种相对满足的心态，都是自己跟自己过意不去，当了宰相还想当皇帝，真的是人心不足蛇吞象啊。对于绝大多数人而言，日常的烦恼，都是源于不满足，都是由于没有“大有”的思想自觉和价值追求。那么，如何才能做到“大有”呢？且看卦辞如何分解。

一、“无交害，匪咎。艰则无咎。”就是说：不要互相侵害，没有灾祸。即使天旱，也没有灾祸。人与人之间，全在于沟通。不可否认，有些人有能力，有水平，就是处理不好上下左右的关系。有的人是出于性格原因，看不惯的就不爱搭理；有的人是出于自私，什么事都先想到自己，谁动了我的“奶酪”，我就跟谁干；有的人是出于小气，心眼儿比针鼻儿大不了多少，凡事都爱斤斤计较，非得论出个子丑寅卯来。但不管是出于什么原因，彼此都容易受到伤害，一场内耗在所难免。最终受到损失的只能是双方。如果互相之间不是敌对、处处设陷，即使天塌下来，也不至于伤害到对方。这是人与人之间相处的一个基本原则，你不想让我好，我也不能让你好，你来我往，一来二去，单位的风气就坏了。

二、“大车以载，有攸往，无咎。”就是说，用大车装载收成。有所往，没有灾祸。有句俗语叫“手中有粮，心里不慌”。人们是说知足常乐，但首先得有一个“足”，一穷二白，吃了上顿，没了下顿，天天喝西北风，还要冲着风口傻乐。那不叫知足常乐，那叫神经错乱。大车以载，是说丰年有余，在有充分准备的情况下，干什么都可以，没毛病。这里关键需要把握的是一个“度”，车大到什么程度算大车呢？至少不能大到足以把高速公路压出坑的程度，也不至于像二十世纪六七十年代的手推车一样吧。与时俱进，一切以时间、地点、场合为准。人可以比较，但最好自己的现在跟自己的过去比较，如果一味地跟同事同学比较，那注定没有到头的时候。

三、“公用亨于天子，小人弗克。”原意是天子设宴款待群臣。小人不能参与。这说的是名分的问题，也是身份的问题，归结起来是命运的安排。人不能决定自己的性别、出身，每个人都是环境的产物。如果你没有那么好的先决条件，那一定要实事求是，从实际出发，不可违扭客观规律。如果你命中注定是一个田舍郎，就不大可能有“朝为田舍郎，暮登天子堂”的可能。更何况，天子的快乐不一定要比田舍郎的快乐多。“结庐在人境，而无车马喧。问君何能尔？心远地自偏。采菊东篱下，悠悠见南山。山气日夕佳，飞鸟相与还。此中有真意，欲辨已忘言。”这里的意境，也许比不上“大江东去”的气势，但对于一个普通人而言，怎么就不是一件好事呢！平常人，不去想那些非常事，不知要少去多少烦忧。

四、“匪其尫，无咎。”不自高自大，就没有灾祸。这个世界当然有无限可能，每个人都有发达的愿望，尤其是太平盛世和谐社会，更是如此。但是，一步一步都是依靠自己的努力，而不是旁门左道，尤其是不能自我膨胀。人在自我膨胀的时候，最不知道自己姓什么，只知道教训别人，从来不反躬自问，只知道给别人讲道理，从来都不按照自己的说法言行一致。综观那些栽跟头的所谓能人、名人、达人、好人，无不是在自己出了名，有了地位，有了影响之后，忘记了自己的出处，忘记了当年的初心。不到黄河不死心，人非得以身试法，才知道自由的宝贵。我就常常想，人怎样才能不自我膨胀，唯一的办法就是切断自我膨胀的管道，不是你的，不要去争，争来了也不一定留得住。何必呢？一切顺其自然，得之应然，失之泰然，不得不失也是必然。

五、“厥孚交如，威如，吉。”上下诚信相交，威严自显，才好。人的最大宿命是，无论到什么时候，无论发展到哪一步，都要受制于人，都要被人领导。当皇帝也不是完全自由的，也有祖宗宗法加身。好在，人们在受别人管的同时，也管别人。平时讲，领导的威信从哪里来？基本的来源是职权，他能决策，决策本身就是威信。当领导的处事，明明不公平，手下的人也敢怒不敢言，但只能做到口服心不服。要使部下心服，还是要以诚相待，平等待人。但是，上对下的诚和下对上的诚，是不一样的。上对下的诚，是一种平等、是一种内外一致，能讲得出理由的诚，上不一定要与下打成一片，不能混淆科层制的界限，不能搞哥们儿义气那一套，否则没有人把领导当回事，还谈什么威信。下对上的诚，就是一片忠心，既对个人的忠心，也是对事业的忠心，也是不能搞人身依附的。一个单位，领导有威信，事情就好办，风气就能正。无论是集体，还是个人，都会是“大有”。

六、“自天佑之，吉，无不利。”有上天的保佑，吉祥而无所不利。我们虽然不讲天命，但我们尊重客观规律。规律面前人人平等。它不因你长得好看，而眷顾你；它不因你有权有势，而屈服你。所以，我们都得敬畏规律，做到了这一点，就没有什么可以忧虑的了。

要秀，就秀出精气神来
——《谦卦第十五》的当下启迪

“谦受益，满招损”，是谦德的核心内涵。在国人的眼里和心中，任何庞大的事物都不可以盈满自大，以免走向反面，正所谓“亢龙有悔”。所以，在《周易》里，大有卦之后，便是谦卦。我们所处的智能时代，隐私渐去，立体的人展现于世。所谓“大隐”“小隐”终不是办法。一方面是“创”文化横空于世，另一方面是“秀”文化突显于前。一言以蔽之：要秀，就秀出精气神来。

谦虚是成事之基。“谦谦君子，用涉大川，吉。”一再注意谦虚的君子，可以涉越大河巨流，吉祥。在大众的眼里，越是大官、名家越平易近人，彬彬有礼。只有那些一瓶子不满半瓶子晃荡，或者看家狗、跟屁虫，才骄横跋扈。说明干大事的人都很谦虚，因为谦虚才涉越了大河巨流，才成就了自己的事业。这个道理，尽人皆知，但只是解决了认识上的问题。时易位移，人的认识是变化的，终有许多人挡不住欲望的诱惑。

谦虚是通行美誉。“鸣谦，贞吉。”谦逊的声名外扬，卜问结果一定可获吉祥。实际上说的是，靠心中积聚起的谦逊正直的美德能够赢得名声。人和人之间，固然有出身背景之别，但在社会上“混”，谁比谁能强多少、好多少呢？虽有才华、能力、水平之异，但这些都不是通行的美誉,只有谦虚的美德能广为人慕,能博得众人的青睐。当然，谦虚的美誉是建立在能力和水平基础之上的，不是无根的浮萍。

谦虚是自保的武器。“劳谦，君子有终，吉。”有功绩而谦逊的君子，始终保持谦虚的美德就会吉祥。历史上为人臣者，功高盖主而又谨小慎微者，能有几人，大多都是反面教材。但凡得良终者，无不战战兢兢，如履薄冰，倒不一定是夹着尾巴做人，至少懂得进退，揣摩上心，始终做到名实相符。有谁肯于担负迫害谦逊者的骂名呢？除非穷凶极恶者。

谦虚是受用的法宝。“无不利撝谦。”发挥谦逊的美德无论如何也不会有不利。因为这样做没有违背原则，也不会主动触及他人利益。刘备、周文王、蔺相如等人的成就与他们谦逊的品格有直接的关系，而夏桀、纣王、项羽等人则因刚愎自用，而失去贤者辅佐，最终落得可悲的下场。做人者、为官者，谦虚是一座开掘不尽的富矿，它不仅能自保无虞，聚拢人脉，更能渗透到生活及治国的大纲和细蔓，堪称软实力的标志。

谦虚是王道护佑。“不富以其邻，利用侵伐，无不利。”这话的意思是，不富有，是因为邻国缘故，利于出兵征伐，无所不利。为什么会突然冒出这样一句话来？大概是为了说明，谦逊不是柔弱可欺，谦卑不是一味低调。该征伐还是要征伐的，不过要出师有名，名正言顺。否则怎么能去涉越大河巨流呢？由此也说明，在秀文化的时代，不是不可以秀，而是要秀之有道。

谦虚终究是手段。“鸣谦，利用行师征邑国。”谦虚的名声外扬，利于用兵征战，讨伐领地中的叛乱。看来，谦虚不是目的，而是手段。但这个手段不是靠弄虚作假得来的，是实实在在修炼、修养出来的，有了这个基础和前提，再干大事，才能干成大事，确保无虞。“创”也好，“秀”也罢，都得有真本事，反之，在创的过程中，在秀的影响下，更有助于本事的提升。单从“秀”而言，要秀，就秀出精气神来，也不过都是满满的正能量而已。

改变从现在开始
——对《豫卦第十六》的一点参悟

人在情绪波动、内心浮躁的时候，不妨读读《周易》，拣一篇卦辞品味品味，能参悟多少就参悟多少，只要有所参悟就好。

今人对《豫卦》的解读颇令人玩味："奸商定价不实，蒙骗欺客，交易时难免犹豫不决，深恐受骗上当，但如果买者早已作了预备，洞察机心，防患未然，那就可以高枕无忧，安逸游乐了。"

"初六，鸣豫，凶。"——自鸣得意，有凶险。得意忘形是胸无大志的表现，没有不凶险的。人生在于得意和失意之间，在身处逆境或者顺境，在比较、欲求的过程中，都不大容易把握住自己。人在顺境的时候，不知珍惜当下，一味地任欲求膨胀，大有急不可待之象，不可，或者以当下顺境为乐事，自鸣得意，也不可。在顺利的时候，想到困难来了怎么办，居安思危，才是人间正道。

“六二，介于石，不终日，贞吉。”——像石头一般坚定不移，持续一整天，占卜可获吉祥。人不为喜乐所动，独立坚守中正如磐石。不终日，就是不等时间，以静观动，默默耕耘。也就是说，人要有忧患意识，不为俗乐所干扰，他心中有主见和先见，早已看到了前因后果。塞翁失马的故事，说的就是这个道理。

“六三，盱豫，悔，迟有悔。”——媚上求欢将有悔罪，而悔悟得太迟就会更加悔悟。在生活中的位置没有摆正，就会悔上加悔。电视剧《人民的名义》里的祁同伟就是一个媚上求欢的人。现实中不乏这样的人物，他们貌似端正，实则小人得志，柔居刚位，最终以悲剧收场。

“九四，由豫，大有得，勿疑。朋盍簪。”——意为安乐喜悦由自身而来，会大有所得。诚信不疑，友朋才会聚会相从。以兴趣相交，而不是利益苟合的朋友，聚在一块开怀畅饮，也能放得下，不用设防，不会有什么意外降临。安乐喜悦建立在对资源的豪夺、对权势的窃取、对他人的谤诽，总之不是正道而来，就不会感到踏实。正所谓心底无私天地宽，不做亏心事不怕鬼敲门。

“六五，贞疾，恒不死。”——如果恪守身心的中正如一，即使得了疾病，也会长寿而终。反之，乐极生悲。天下事，多少人做不得英雄豪杰，便做了一世的奸佞。成事在天，谋事在人，个人的作为是努力的结果，但这种努力一定是要遵循规律的，逆天行事，迟早都要遭报应的。不是不报，也许时候未到，因果规律还是存在的。

“上六，冥豫，成有渝。无咎。”——沉溺于安乐的恶习，能及时有所改变，就不会有灾祸。诚如孟子所言：生于忧患，死于安乐。那么，改变还来得及，因为改变从现在开始。

平衡的艺术
——由《随卦第十七》想到的

随之德吉祥，从随卦的卦象上看，有战战兢兢、和颜悦色、跟风随上的样子。随心所欲不逾矩，不应该到老了才这样。面对自然，要与环境良性互动。工作中，要处理好规定性与自选动作、原则性与灵活性、业务工作与自身建设的关系。生活中，人与人和谐相处。试想，辩证法无处不在、无时不有，这些，就是随德，就是平衡的艺术。

“随：元亨，利贞，无咎。”随卦象征随从，至为亨通顺利，为有利正确，没有灾祸。由此想到：不冒进，随大流，当然不会有灾祸。但是，为什么有那么多的人不想“随”，不愿“随”，概源于有欲望的鼓动，有理想的牵引，可以说，既是坏事，也是好事。如果人的一生只求平平安安，太太平平，也许就了无生趣，偏偏赶上了敢于冒险、甘于奉献的主，一个“随”字何以能概括丰富多彩的人生？

“初九，官有渝，贞吉，出门交有功。”官场之事多有变化，占卜可获吉祥。出门与人交往能获成功。由此想到：官场之道在于权变。这个权变不应仅仅是一种权术的运用，而是一种平衡。这样看来，这里的“随”并非随波逐流，而是顺势而为。社会交往也是如此，既不能光从自身的角度考虑，也不可能没有自己的利益、判断和想法，也应该随坡就坎，方能有所收获。

“六二，系小子，失丈夫。”抓住了年轻人，却会失去壮年人。这里的“随”，其实就是一种对游戏规则的掌控。“随中有舍，有些无奈，但只能如此，不失为果断明智。”这种游戏规则的核心就是平衡的艺术，就是要弹好钢琴。

“六三，系丈夫，失小子。随有求得，利居贞。”一味注意壮年人，会失去年轻人。随从已经失去的人，需求能得到满足，利于居处占卜。“随”就意味着不能求全，有所得，就会有所失，但是，得有所获，失有所值。这都是遵循一定的游戏规则的结果。或者，也可以说，抓住重点，不计其余。哲学上的两点论和重点论说的也是这个道理。

“九四，随有获，贞凶。有孚在道，以明，何咎？”随从于人必有收获，占卜结果为凶险。心存诚信，不离正道，明察事理，怎会有灾祸呢？由此想到：追随某人，做人的“狗腿子”自然有利可图，但其结局恐怕不会是好的。人又不能不追随人，在追随的过程中，如何才不至于引来灾祸呢？一是心有诚信，二是不离正道，三是明察事理。做到了这三条，也就能确保无虞。诚、正、理三者皆备，不一定成就多大的事，但一定会保证不出事。

“九五，孚于嘉，吉。”在友善的基础上广施诚信，吉祥。由此想到，在“随”人的基础上，目的是要“随”事。干成事，才能凸显人生的价值。一个拥有权力或者掌握资源的人，如何干成事？商鞅的“徙木立信”就是一个很好的例证。用《周易》的话说，就是在友善的基础上广施诚信。待人以诚信，才能服众，使众信。否则，人心就散了，这支队伍就不好带了。

“上六，拘系之，乃从维之，王用亨于西山。”这就是权变的应用。比如双方开战之际，先将对方的人马抓来一些拘押几日，再将其释放。然后誓师，举兵而攻。这应该是一种离心之术，使对方阵营散布出一种仁义之师压境之态，以此涣散军心。但还是感到这么做不过是停留在“术”的层面。不过，比照当下国际形势，国与国之间的博弈，除了宏观上的因应之策，不是完全仰仗这些个“术”吗？

破蛊之德
——漫谈《蛊卦第十八》

在老虎、苍蝇一起打、持续反腐的高压态势下，整风肃纪是一件大快人心的事。但越是在这样好的形势下，越是不能助长诬告、蛊惑之风。这也是整风肃纪，更顺利地推进改革大业的应有之义。在这方面，《蛊卦第十八》给我们以深刻的启迪。

蛊，原意是器皿中的剧毒之虫。由于蛊能害人，而又不易被人所察知，引申为妖言惑众、蛊惑人心者。

为什么能生蛊呢？是因为天下无事，久闭生蛊。或者说，事物都是发展变化的，习惯于太平，安逸时间太长了，就会滋生惰性，蛊由此便产生出来。按照卦辞来理解，山下有风，山风受阻不行，湿气闷热，就产生了蛊。山风往上吹，断枝腐叶就会纷纷落地，风气也就为之一新。这种破旧立新，冲破阻滞，使事业健康长续的美德，就是蛊德。也就是说，蛊是害人之物，破蛊之举，是蛊德的体现。

从大处讲，君子的破蛊之德，就是以壮士断腕的勇气推进改革事业。先辈创下的基业，是后人安身立命的根基，是一代接续一代奋进的基础。但是，先辈基业又是蛊害得以滋生的土壤。一方面，任何事业本身都有遗留问题，事物难有百分之百正确，即使当时是对的，后来也可能落伍。另一方面，人们躺在先人的功劳簿上睡大觉，就难免异想天开，做出各种各样怪异的梦来。如果全盘接受"父业"，祖宗之法不可变，而世势在变，最终也就会葬送掉"父业"。所以，承接"父业"唯一正确的选择便是整饬"父业"，激浊扬清，方能永葆吉祥。马克思主义是指导我们事业的科学原理，不是可以固守僵化不变的教条，所以马克思主义也需要与时俱进，改革永远在路上，每一代人都要改革上一代人留下的"积弊"，这是改革的义理所在。

从小处看，君子的破蛊之德，就是以无私无畏的勇气推行公平正义。公平是相对的，社会如此，单位亦然。在利益调整和分配的过程中，绝大多数获益，就是公平的，个别人可能受到了冲击和损害，不要紧，可以在过后得到补偿，如果一味地抱怨，不会获得大家的同情，甚至走到组织的对立面，那就更不应该了。对于少数或者极个别以鸣不公为名行泄私愤之实的诬告、蛊惑之人，应该旗帜鲜明地说“不”。前提当然是要葆有“君子”之风。其行正，不令则从。率先垂范，方能以上率下。如果说团结是钢、团结是铁，领头人就是钢中筋，就是铁中魂。身正不怕影子斜，暗夜不惧鬼敲门，何忌不实之词，焉惧蛊惑之心。其次，要谨言慎行。“先甲三日，后甲三日”，谋划行动方案，制定之前，要先研究三天，制定之后，还要观察三天。事先缜密细致，事后能有及时救治之法、变更之策。既不能草率决策，也不能朝令夕改，一切均需从长计议，通盘考虑。这样做，不仅有利于事业，也不给蛊人留下口实，以免授人以柄。第三，“君子以振民育德”。山下有风之时，正是蛊害滋生之日。这个时候，也是事业向上发展的时候，君子当以德教振奋属员，培育大家团结同心、共赴时艰的美德。这样来促进风往山上吹，蛊害自然就会消弭在萌芽之中。我们的队伍焕发出虎虎生机，我们的事业也就会无往而无不胜。

何以居安，唯有思危
——《临卦第十九》给人的谏言

秋天是收获的季节，但随之而来的，是秋风肃杀的景象。易家的临德思想认为，阳气增长，万物和顺；盛极而衰，便有凶险。“元亨，利贞。至于八月有凶”，说的正是这个道理。由此可见，八月是盛极而衰的临界点，如何应对即将到来的肃杀景象，居安而思危，方得以保全。

古人将治国、治家视为同一道理，上自帝王将相，下至君子平民，都有大致相同的处世准则。《临卦第十九》告诉人们的正是如何居安思危的道理。

一、以德感人。“初九，咸临，贞吉。”初始阶段，当以柔治世，用德感化人心。这是待人之道的重要一面，无论是打天下，还是待人接物，都把道德放在第一位，以此服众，以此彰显人格的魅力，建立广泛的基础。如果身为领导，初到一处，便高高在上，难以得到人们的心理认同。如果与人交往，刚开始就给人留下傲慢无礼的印象，也难以结交朋友，以至于诸事难办。

二、以威制人。“九二，咸临，吉，无不利。”初九与九二是一柔一刚的统治术。一个时期以后，当以严律峻法督治天下。用今天的话说，就是以德治国与以法治国相结合。以德感人，固然可以感其心，但并无强制力。所以，先礼后兵，是中国的处世之道。刚开始，大家可以坐下来，好商量，讲道理。但是仁至义尽，仍不能达到目的，必随之以强制手段。这也是通常的交往之道。身为领导，不能停留在好人主义的层面，应该敢于和善于运用权威的力量推行自己的主张。

三、忧惧戒慎。“六三，甘临，无攸利；既忧之，无咎。”既然阳盛之后必有阴衰，既然哄骗之术不能长久，就应有虑忧，有备无患，有长久之计。否则，人无远虑，必有近忧。人在志得意满的时候，要想到矛盾发生、问题出现，将何以应对。考虑到长远，此时当谨慎行事，以免留下隐患。既然有了长远的通盘打算，就能够稳坐钓鱼台。这正是孟子“生于忧患”之意。

四、吐渥之劳。“六四，至临，无咎。”亲自治理国事、参与其中，想必不会有什么灾祸。像周公摄政期间，“一沐三捉发，一饭三吐哺”，亲自制礼作乐，打下八百年基业。这是后世治国理政的典范。待人接物也是如此，亲力亲为，事无巨细都能滴水不漏。正如今人所强调的细节决定成败。由此联想到改革大业，顶层有设计，中层有安排，基层有落实，才能把事情做好。否则空喊口号，终会一事无成。

五、中庸之道。“六五，知临，大君之宜，吉。”“大君之宜，行中之谓也。”说的是大国君主适宜的行为方式，奉行的是中庸之道。中庸之道，是以睿智治理民众的最高境界。中庸之道，就是刚柔相济，大胆而不过分。体现在用人上，就是量才任用。既任用自己信得过的人，也任用那些过去曾经反对过自己的人，用人所长，延揽天下英才而用之，事业自然兴旺发达。中庸之道也适合做人做事，可以说是生活中的辩证法。

六、敦厚之心。“上六，敦临，吉，无咎。”以敦厚的态度治理民众，吉祥，说明君主的敦厚之心存于内，施行于政。这也是君子的长者风度。每逢大事有静气，是内在修养的一种练达，否则一遇到什么事情，就猴急猴急的，并不是君子的做派。君子的敦厚之心，将百川纳于胸中，将视野放置高远。正所谓：任凭风浪起，我自岿然不动。

世界之大，何以观？
——《观卦第二十》的观察智慧

“观”的潜力巨大，能量无限，而观什么、怎么观和观了之后怎么办，才是最重要的。古人将世界分为宇观的世界、宏观的世界、中观的世界、微观的世界、秒观的世界，并且在《观卦第二十》中告诉我们，以什么样的心态、怎样的视角做一个智慧的观者。

虔诚以观，是基本的态度。中国人讲天人合一，世界万物，无不与天象相连。敬天畏神，从虔诚肃穆地看待世界开始。既然世界是如此大，又如此小，“观”的取向至少有四：仰观，向上看，深邃的天空有着无穷的奥秘；中观，平视周围的一切，大自然有无穷魅力，红尘滚滚有深广的意义；下观，看脚下的足迹，看身后的饥寒，看自己能够主宰的一切；自观，返回到自己的内心世界，与心中的道德律令作倾心长谈，不忘初心，保持端庄中正的本色。

具体的观察方式，可以从卦辞中加以领悟。

一是童观。像儿童一样粗浅而幼稚的观察。这种观察，“小人无咎，君子吝”。庶民百姓是可以的，没有问题；治国理政的人，这样看问题就会遇到麻烦。我们说，保持一颗童稚的心灵，对于文艺创作，对于保持平和的心态，都是有意义的，但是如果用来安身立命，就不免显得幼稚可笑了。

二是窥观。从孔穴或缝隙中偷看。这种观察，“利女贞”。过去女子大门不出、二门不进，家里来了客人，都要躲到门后，从门缝里偷看，这是符合女德的。但是，对于治国理政的人而言，就无异于坐井观天了。男女平等后，女子也不再以此为“体面”，窥观反映出一种偷窥的心理，如果从正面来理解，窥观是一种微服访察的方式，可能更直接地接近问题的真相，也不失为一种很好的观察方式。

三是亲观。观察审视亲族的思想动向，从而选择进退取舍。古人接触面很小，视野很窄。“观我生，进退。”今人的接触面广及世界各地，视野开阔至极，通过观察“朋友圈”便可知世界大势。治国理政的人若是体察民情，不妨从自己的身边开始，进而对自己的行为取向作出判断。

四是俗观。观察风俗民情，有利于形成治国韬略。“观国之光，利用宾于王。”也就是说，观察国家的风俗民情，有利于向君上进言。这是社会贤达观察问题、分析问题、处理问题的重要方式,用今天的话说,就是要善于调查研究。也可概括为：观民俗，堪大任。

五是反观。观察审视自己的行为,君子不会遭灾害。“观我生，君子无咎。”经常地反躬自省，“吾日三省吾身”，就不会犯大错，也不会错失良机。做什么事，都能有所凭依，没有达不到的目的。

六是域观。“观其生，君子无咎。”不仅能经常地反省自己，而且能观察审视其他地方的生活状况，君子更不会遭受灾祸。换言之，观域外，知长远，方可成就大业。

总之,《观卦》启人的观察方式，有着内在的逻辑：保持一颗童心，童心不泯；悄悄地观察周围的一切，不露声色；从亲朋那里小中见大，把握方寸；深入民间了解实情，始终连接地气；善于从时代背景和世界大势中把握前进方向;经常地反思自己的言行，进退有据;站在高处纵览天下，实现平生的抱负。这是君子的观察之道，也是志士仁人的成长成才之路。

知法、守法、用法的一面镜子
——《噬嗑卦第二十一》卦辞解读

国人素来重德轻法，常有善德恶法之念。殊不知，在易家经典中就有了以法治国的理念。以法治国，以法教民，知法守法，是《噬嗑卦第二十一》的要义。

噬嗑，本意是嘴巴张而欲合，用上下门牙咬口中硬物的样子。古人把“噬嗑”当作咬住大案要案不放,明刑断案，铁面无私的“噬德”和依法办事的“法德”的象征。

“噬嗑：亨，利用狱。”——噬嗑卦象征咬合，亨通顺利,有利于处理刑狱之事。可以引申为人人有“法”的概念，社会有敬法、畏法、用法的环境，就有利于施法。没有规矩，不成方圆。社会保持用规矩办事的态势，才能确保各类事物的有序发展。

“初九，屦（jù）校灭趾，无咎。”——脚上套上刑具而盖住了脚趾，无灾祸。“屦校灭趾”是说初犯，刑罚较轻。小惩大戒，故“无咎”。这说明，人触犯了规矩，给予他一定轻微的处罚，他就能从中吸取教训，也不至于将来酿成大祸。比如，现在讲监督执纪的“四种形态”，从刚开始出了问题，就扯扯袖子，红红脸，也不至于问题越来越严重，应该是一样的道理。

“六二，噬肤灭鼻，无咎。”——因偷吃好肉，做犯人被割去鼻子，不会有灾祸。古代被割去鼻子，是属于比较轻的刑罚，相对于杀头，当然是的。这里还是带有惩戒的意味。类似今人说的轻处罚，明知会受到处罚，何必当初呢！看来，知法很重要。人没有不犯错的时候，稍一不注意就犯了错，犯多大错，就受到多大的处罚，也是理所应该，问题是其中的教训有没有吸取。

“六三，噬腊肉遇毒，小吝，无咎。”——咬嚼干肉，遇到有毒，小有不适，却没有祸害。“中毒”，说明吃了不应该吃的东西，就像人不称其位。做人做事，首先得摆正自己的位置。摆不正位置，就会越轨，小则犯错，大则犯罪。关键是出现了不适症状之后，知道是中毒所至，知道是因为自己没有摆正自己的位置，触犯了规矩。那么，有则改之，也是无妨的。不要出了事儿，感觉不到原因出在自身，反以为感觉良好，那恐怕就不可救药了。

“九四，噬干胏（zǐ），得金矢。利艰贞，吉。”——咬嚼带骨头的干肉，吃到了铜箭头，有利于在艰难困苦中坚正守固，吉利。这是从审案的角度讲的，古代“食肉者”本来都是高贵之人，这样的人犯了案，照样得受到处罚，但这时候贿赂出现了，这就对办案者提出了挑战，是接受贿赂同流合污，还是秉公执法，往往在一念之间。但如果坚持住了，光明正大了，这样的人才可堪大用。

“六五，噬干肉得黄金，贞厉，无咎。”——咬嚼干肉，吃出黄金。坚守正道以防危险，可免祸害。“黄”是帝王才能享用的颜色，也就是说皇亲国戚犯了法，怎么办？如果一个国家总是“刑不上大夫”，那老百姓早晚要造反。如果王子犯法与庶民同罪，天下必然清明，还有什么祸害可言呢！看来，以法治国，上下同规，苍蝇、老虎一起打才能深得民心。

“上九，何校（jiào）灭耳，凶。”——枷械遮没了耳朵，有凶险。一个人平日不听忠告累积恶行，以致越走越深，陷入犯罪的泥潭不能自拔。为什么会是这个样子呢？因为耳朵被遮蔽了，听不进劝告了，所以才咎由自取。

古人说：善不积不足以成名，恶不积不足以灭身。小人以小善无益而不为，以小恶为无伤而不去，故恶积不可掩，罪大而不可解。足见，法律、规范是一把尺子，是一面镜子，依凭它，才可获吉祥一生。

美在哪里
——《贲卦第二十二》对美的启迪

“贲”字的“卉”是花卉，“贝”是蚌螺，在蚌螺上雕刻花卉，是花纹灿烂的意思。“贲”意识的产生，是中国人原创审美意识的产生，《贲卦》为中华文化系统奠定了美学基础。“贲”所揭示的是质与文、体与形、内在美与外在美的关系。如果说“噬嗑”是以刑罚治理的方式，那么“贲”就是以文化人的治理方式。而贲卦所揭示的，乃是文之饰不可损害质之美，不能文过饰非的道理。

美在初心。“初九，贲其趾，舍车而徒。”——装饰脚趾，不能坐在车上招摇，而是徒步而行。引申来讲，人不能只图虚荣，而忘记本分，特别是在浮华装饰之时，谨守本分，不急功近利。

美在外表。“六二，贲其须。”——人们常说“以貌取人”，古人也可能会犯这样的错误。美自面容始。但是，再气宇轩昂的美髯也是一种修饰，再漂亮的脸蛋也是化妆品的杰作。所以，并不反对“贲其须”，但只承认这是一种表象，并不能反映一个人的真才实学。

美在心胸。“九三，贲如，濡如，永贞吉。”——装饰得光泽柔润，永久坚守正道方可获得吉祥。重点在后半句，也就是说,装饰不能影响正道。文饰太过,本质就会被削弱，社会浮华也要出问题。孔子说“质胜文则野，文胜质则史，文质彬彬,然后君子”。意思就是质朴超过了文采,就会粗野;文采超过了质朴就浮华。文采和质朴相辅相成，配合恰当，才是君子。

美在本质。“六四，贲如皤如，白马翰如。”——淡淡的装饰，一身素白，胯下的白马也是纯白无瑕，向前飞奔。不是来抢劫的，而是来娶亲的。说的是文饰要适应、顺从、服务本质。抢劫的马队怎么能装饰得那么美呢？既知不是来抢劫，而是来娶亲，疑虑冰释，终无灾祸。老子说：“五色令人目盲，五音令人耳聋，五味令人口爽，驰骋畋猎，令人心发狂，难得之货，令人行妨，是以圣人为腹不为目，故去彼取此。”意思是：缤纷的色彩，使人眼花缭乱；嘈杂的音调，使人听觉失灵；丰盛的食物，使人舌不知味；纵情狩猎，使人心情放荡发狂；稀有的物品，使人行为不轨。因此，圣人但求吃饱肚子而不追逐声色之娱，所以摒弃物欲的诱惑而保持安定知足的生活方式。

美在节约。“六五,贲于丘园,束帛戋戋,吝,终吉。”——装点山丘园圃，持一束微薄的丝帛，虽显吝啬，最终可获吉祥。劳动创造美，辛勤的劳作展现粗犷而简约的美。单从生产耕作而言，棚栽技术的出现固然是技术发展的产物，也是食物匮乏所需，更是过度追求餍足之欲的结果，都是与美的本质背道而驰的。物质的丰盛不必然带来幸福，也不必然产生美，反而给美加累了过度的负重。

美在归真。“上九,白贲,无咎。”——素白质朴的装饰，没有灾祸。美的最高境界是素白质朴的装饰，而不是豪华繁盛的气势。铅华洗尽，返璞归真，回归原始。生活在温柔乡、富贵池的贾宝玉，最终归于白茫茫大地一片真干净。人生虚无,是道家的最高境界。但这里的“虚无”是一种美，一种追求,而不是现实的一种境况,目的是抛弃世俗的烦忧，摈弃无谓的拖累，就旷达之心包容万物。

驱车济世的人间气象
——读《剥卦二十三》

中国文化，说到底还是如何做人的问题。在《周易》的布局中，“文饰其身”与“剥伪存真”是一对相辅相成的矛盾运动。前者是《贲卦第二十二》的核心要义，后者是《剥卦第二十三》的道德境界。因为人的修饰达到一定程度后，再过多文饰就不会通达，所以接下来就是剥卦，就得修养“剥伪存真”的美德。“剥”，原是剥蚀、凋谢、衰落之意，所谓“剥德”，就是从剥的反面意义上，主张君子要不甘于被小人剥蚀，被恶俗腐蚀，要反其道而行之，进入本我的状态，塑造一个真实的“我”形象。那么，如何修养剥德呢？

要从人所处的环境开始。

“剥：不利有攸往。”——人生处处、时时会遇到一些剥蚀、消极的因素，这些都是不利于君子上进的，但又是不可缺少的。这是一个大前提。人生来就进入到“围城”，就陷入困境，困境是人成为“人”与生俱来的外在环境，人是不能摆脱的。

“初六，剥床以足，蔑，贞凶。”——床是人安身之所，床足被剥蚀，预示着会有凶险。忧患已经发生，但还不至于成为现实，应该认识到它可能就是日后祸端的缘起。水有源，树有根，坏事不是一下子出现的，总有一个量变到质变的过程。这就提示人们，防微杜渐，明白风起于青蘋之末的道理，不可小觑，小习惯会养成大毛病；养痈遗患，小怨愤会攒成大仇恨。

“六二，剥床以辨，蔑，贞凶。”——床的剥蚀由足开始，现在已经到了床头，也预示着凶险，但是还不要紧，凶险还未发生，只是凶象暴露得更明显而已。这时不得不采取必要的防范和调整之策，以免将来尾大不掉。

“六三，剥之，无咎。”——剥蚀不必然带来灾祸，因为人从出生开始，每走一步都会有贵人相助。但是，贵人相助并非没有原因，人家为什么要助你呢？正所谓得道多助，失道寡助。只有始终坚持走正道，才能免于灾祸。如果没有贵人相助，任凭剥蚀下去，现实的凶险就是不可避免的。更何况，外因总是通过内因起作用，如果自己不争气，神人也助力无功，世有千里马，然后才有伯乐。

“六四，剥床以肤，凶。”——也就是说对床的剥蚀已达到了床面，就真的有凶险了，就会经受切肤之痛，遭受切身之害。

“六五，贯鱼以宫人宠，无不利。”——对许多人而言，灾祸不可避免，但是怎样才可自救呢？就是讲诚信，懂规矩，守纪律。就像君王临幸嫔妃，应该鱼贯而入，按照既定的顺序，这样后宫才能不乱。这中间，小人难以作乱犯上，自然就会秩序井然，没有什么不利的事情发生。这个比喻当然不恰当，话糙理不糙。什么是贯鱼而入？就是循着规律办事。乱了规矩，就会乱了方寸，而乱了方寸就会如大厦轰塌，势所难免。

“上九，硕果不食，君子得舆，小人剥庐。”——硕大的果实等着人们摘食，比如权力、财富、荣誉，君子得到它了，就能够驱车济世，驾着长车，快马加鞭，做好多好多的好事、实事、大事；如果小人得到它，就会使千家万户遭受不幸，生灵涂炭，民怨沸腾，国将不国。

从以上卦辞中可以看出，正直的君子会得到人们的拥戴和爱护，守规的君子才能得到平安和顺遂。贪念加身、

欲壑难填的“老虎、苍蝇”就不是正直，拉票贿选、不作为、乱作为的干部就不是守规，两者叠加在一起，就悖逆了剥德，怎能寻到“驱车济世”的人间气象！

复归初心
——读《复卦二十四》所感

“每个夜晚，我都想你。正如每个夜晚，都有月亮。月亮不见了，她没在云层里。”这是我一时兴起写的几句话，有人会理解成作者是在思念他的什么人。其实，它所蕴含的道理是，我每时每刻都在思考中，生命不息，思考不止，是为人生。刚好，有一位朋友在短信中报告阅读我某一篇文章的体会，我给的回复是：“我写文章的目标是，要让高大上的题材通俗易懂，易于理解和接受。”其实，写文章除了技法上的高蹈，根本的在于思想的深度。正所谓，思想水平有多高，文章写得就有多好。文章是把自己的所思所想，

经过加工整理呈现出来的一种方式，一个载体。正是抱着这样的初衷，我研读《周易》，联系当下，揣摩它的义理，照见自己。我的理解也许不入主流，或许有所偏颇，但那一定是自己的理解，是自己思想的一种表达，是自己行为的一种方向。这大概就是人的思考的一种规律吧。讲到规律，自然就联系到了周易的《复卦》。

“复”，即复归、归本、复返，是自然的规律，也是社会的规律。《复卦二十四》启示我们如何尊重规律、遵循规律的道理。老子说：“夫物芸芸，各复归其根，归根曰静，静曰复命，复命曰常，知常曰明，不知常，妄作凶。”由此可见，复归，是一种常态，一种规律，违反它，必然会带来凶象。那么，如何复归、守常，就显得尤为重要。

一段时间以来，“初心”这个词使用频率比较高。初心，就是人之初那一颗与生俱来的善良、真诚、无邪、进取、宽容、博爱之心。那么，从做人的角度讲，复归、归本、复返的所指，就应该是这个“初心”。

复归就是不忘初心。人之初，性本善，性相近，习相远。在社会环境当中，初涉世事，人都有一颗天真无邪的心，是后来的环境不同、努力不同、修养不同，才使人分出高下之别。但是，无论走多远，初心是不能忘的。“初九，不远复，无祇悔，元吉。”意思是说，没走多远就要返回来，不会有灾祸悔恨，至为吉祥。比如，春风得意时，刚要高调声张，突然意识到自己姓什么、叫什么，原来并没有资格跟人家吹嘘，保持谦虚谨慎、低调行事，就不会招到人们的非议，也就不会忘乎所以。此乃生活顺畅、事业顺遂之本。

复归就是坚守初心。“六二，休复，吉。”意思是说，完满地复归，吉祥。休息以待来复，无论做什么事情，都不能半途而废。在坚持不住的时候再坚持一下，就走向了成功。为了实现目标，非有坚忍不拔的意志，无以抵达成功的彼岸。古时“铁杵磨成针”的故事,就说明了这个道理。当初立志做什么，改变的只能是方法，衰减的并不是意志。坚守住初心，就能复归，就是吉祥。

复归就是省察初心。“六三，频复，厉，无咎。”意思是说，频繁地复归，虽有危险，却没有灾咎。初心，犹如一座磐石，它就立在那里巍然不动。抵达目标的路径有许多条，一条路行不通了，切莫一条路跑到黑，不到黄河不死心，再换一条路径，再试验别的方法，这样可能不断地出错，可能会遇到这样那样的困难，但是最终不会影响目标的达成。换言之，经常地反省自己还是不是原来的自己，如果发现已经不是原来的自己，就要找出不对的地方，不断地改进，使“我”还是我，不至于在错误的道路上越走越远，越陷越深。

复归就是莫乱初心。“六四，中行独复。”意思是说，在与多人同行时，独自一人半路返回。也就是不能随波逐流，在人云亦云的时候，有自己清醒的头脑；在大家都自觉不自觉地犯错误的时候，自己要保持住定力。这就是“出淤泥而不染”的品格，始终牢记“德不孤，必有邻”的信念。为了实现自己的目标，保持本色，就是不要乱了方寸，要有自己的一定之规。宁可众皆醉我独醒，也不淹没在欲海利涛之中。

复归就是彻悟初心。“六五，敦复，无悔。”意思是说，经过考察后决定返回，没有悔恨。什么事情都是过犹不及，物极必反，关键是有一个清醒的头脑，对形势有清醒的分析，对方向有清晰的判断，对底数有清楚的估计，再决定做什么和不做什么，大体上就会八九不离十。在比较中选择，在借鉴中定位，在总结中升华，就会感悟到醍醐灌顶，再决定悬崖勒马，或者笃定如一，才会更加稳妥，才会行稳致远。

复归就是勿迷初心。“上六，迷复，凶，有灾眚。用行师，终有大败；以其国君凶，至于十年不克征。”意思是说，迷途不返，有凶险，有灾难。如出兵作战，结果将会大败，并连累到国君，甚至十年都不能恢复作战能力。“迷复”，就是迷失道路而不知返。就是鬼迷心窍，明明已身陷网罗里、泥沼中，却不思改弦更张，或者干脆就找不到北，已经迷失了方向，等待的结局可想而知，难以想象。

初心多重要，复归实为本。

以无妄之心求有为
——解读《无妄卦第二十五》

文化是一个民族的灵魂，深入每个人的骨髓。文化的这种传承和影响，无所不在，如影随形。文化的影响固然有文字记载作支撑，但这种影响与懂不懂、读不读经典无关。然而，对经典的解读和领悟，无疑会增加文化的自觉，进而增强文化的自信。这也是今人阅读理解《周易》的价值和意义。从《无妄卦第二十五》的卦辞中，既能找到每个中国人心态的影踪，又能强化以无妄之心求有为的豁达与开朗。以无妄之心求有为，至少在内外六个层面上开阔了人生的视野。

一、无妄为，就会好。“无妄”是自古以来提倡的一种美德，这种美德的含义是，不越轨，不荒谬，不胡作，不乱想。“无妄，往吉”：不妄为，顺势走，就会吉祥。就是人们常说的，应势而动，顺势而为，乘势而上。势，是规律。我们说，无论做什么，首先就要对形势有清醒的判断。顺着规律走，随着形势行，就会作出成绩，取得好的结果。

二、无贪念，不妄为。“不耕获，不菑畲，则利有攸往”：不靠开荒和整地获得收成，是靠地利的意思。得地之宜，而不从耕而获。世上当然没有不耕而获的道理，但是自古就有靠天吃饭之说，天时地利，必然有好收成。天时地利，并不是人力所为的。如果年景不好，开再多的地，在地上做再多的文章，也是徒劳的。收成是自然之赐，不在劳力而获酬报。富贵同样如此，不是想臆想就能得的。没有天上掉馅饼的非分之想，自然就不会胡作非为。

三、无妄之灾，难以意料。所谓无妄之灾，就是指无妄行而有的灾祸。这个是人们无法意料的。“无妄之灾，或系之牛，行人之得，邑人之灾”：牛是财富的象征，牛失就是财失，为破财之灾。本地的人误遭嫌疑，这就是无妄之灾，意外之祸。古时有个“疑邻盗斧”的故事，说的就是这个道理。说明主观成见，是认识客观事物的障碍。如果以成见去观察世界，必然会歪曲客观事物的原貌。我们虽然有

无妄之心，但也不能排除外界的无妄之灾。这一点，任何时候都需心中有数。

四、守正道，无灾祸。如何能做到无妄为，无贪念？要守正道，正所谓人间正道是沧桑。“可贞，无咎”：可以守持正道，没有灾咎。说明要坚守正道才能免灾。同样的，遭遇到了无妄之灾，只要坚守正道，日久见人心。况且，身正不怕影子斜。这都是无妄之心的具体体现，有无妄之心，不是不作为，也不是遇到困难就退缩，而是坚守正道，不忘初心，排除干扰，终成正果。

五、刚健过，亦有过。天行健，君子以自强不息，规律使然。但是，过于刚健，志向过强，虽正亦有过，故有疾病。“无妄之疾，勿药有喜”：没有意想到的疾患来了，怎么办？不必用药即愈,也是可喜的一件事。人有生老病死，天有阴晴不定，都是自然规律。如有突来横祸，费尽周章，也于事无补，徒劳无益。相反，不把它放在心上，调整自己的修为，雨过自然天晴。凡事，都得悠着点，何必争强好胜。弄坏了身体，得不偿失。这也是修为过程中，一种分寸的把握。

六、不因妄念起，有错也正常。通观无妄全卦，皆利于行。至上九则反不利。是因为无妄皆以内诚为大用，人生修养上以无妄自警自励，但终归要建功立业，要面对社会世事。以上五个层面，都是对于人的内在修养而言的，第六个层面,就是向外了。人在江湖走,不可能不遇到问题，即使犯了错误，如果不是因为妄念而起，也是可以理解的，可以原谅的，可以接受的。“无妄，行有眚，无攸利”：不妄为，而行动遭祸患，也属正常，说的正是这个道理。值得强调的是，并不是有了无妄之心，就会一切都天下太平。天下还是变动不居的天下，前路依然是一片又一片荆棘丛生。道理在于：如果我们坚守一颗无妄之心，我们就有了一种以不变应万变的心态，有为不在话下，那么，有大作为也不是不可能的。

走向达无碍的人生
——《大畜卦第二十六》的启示

遇到一位图说周易的老朋友，听其如数家珍的讲解，受益颇多，也进一步增强了以自己的方式解读卦理的信心。文章本合时而作，只要是心有所感，不妨让它流淌出来，即便是贻笑大方，又有何妨呢？况且自己的文字积累，又何尝不是一种蓄积呢！这正应了《大畜卦第二十六》的要义。

大畜卦告诉我们一个道理：力量不强的时候要蓄力，道行不高的时候要养德，一旦时机来了，舍我其谁，大功告成。古人和今人都是相通的，与时俱进，解放思想，更新观念，总归是离不开文化基因的，这也是文化传承与创新的内在逻辑。经过时代的淘洗，有些观念落后了，有些则狭隘了，而有些道理是亘古不变的，比如蓄势待发的道理，今天依然植根于中国人的文化性格里。

止于难。“初九，有厉，利已。”——有危险，停滞不前才能有利。也就是说不要冒险，不要蛮干。明知山有虎，偏向虎山行，表达的是一种英雄气概。除非有武松打虎的力量和把握，否则就不是明智之举。两军对垒，明知对方强大，而坚持打阵地战，无异于以卵击石。明智之举在于，危险面前止步，思谋化解之策。有时在困难面前止步了，并不一定是退缩，是软弱，而是知己知彼的一种策略。办法总比困难多，有一千条办法，有一万条办法，只有一条是不顾一切往前冲，还有很多办法可以想，这就是中国人的圆融之处。事难办，先放一放，冷一冷，就不会吃眼前亏，也不失是一种明哲保身的万全之策。

预则立。“九二，舆说輹。”——车身与车轮脱离。车身与车轮为什么会脱离呢？显然是负重过多造成的。车身与车轮形成一体，事物顺利向前发展；车身与车轮脱离，就违反了事物发展规律，即便是勉强继续行进，也行之不远，必招致祸端。所以，凡事预则立，不预则废。我们做事情一定要量力而行。也就是说，不是不做事，而是做那些该做能做的事。

备而行。“九三，良马逐，利艰贞；曰闲舆卫，利有攸往。”良马驰逐，利于警觉艰险，守持正固。每天练习车战防卫，有利于行旅。俗话说，工欲善其事，必先利其器。要想让马车跑得快，先把马训练好。不打无准备之仗，不做不靠谱的事。养兵千日，用兵一时，千日都是为一时做准备的。用兵征战，粮草先行，还未及出动，粮仓就起了火，这仗还怎么打？

蓄初萌。“六四，童牛之牿，元吉。”——用木架架住初生牛犊的角，大吉大利。小牛躁猛好动故以牛牿防止伤人，换言之，在尚未露头角的时候就蓄止最有效。有一种毛竹，在最初的几年，它几乎没有变化。但几年之后，它会在短短几个月内疯狂生长，很快超过其他竹木。之所以如此，是因为在前几年的时间里，毛竹都在深深地扎根，在不断积蓄迸发的力量。蓄势也有一个选择时机的问题。小学阶段才要为上中学蓄势，上幼儿园的时候就没有这个必要了。其实，我们平时讲的素质教育，是在为升学教育做准备、做铺垫的。

藏其锐。“六五，豮豕之牙，吉。”——用围栏圈住奔突的大猪，吉利。大猪之牙可以断物，凶猛之极，如果看护不住，就要惹祸伤人。这里面有两层寓意，一是说用制度规范约束住奸佞小人，贤人就可以进用；二是说用蓄止的修养抑制住自己的野性，就能平安顺遂，对于如何从政和如何做人，都给人启发。每个人的内心深处都有一个天使一个魔鬼，人的自然本性就是野性，就是兽性，社会性束缚住人的自然本性，就是合乎社会的人性。所以在做人做事上，一定要把自己的锐气藏一藏，该出手的时候，才能出手，不应该出手的时候，就不能胡乱作为，这也是人的道德修养的要求。于政而言，方能政治清明；于人而言，才是谦谦君子。

达无碍。“上九，何天之衢，亨。”——像天空一样通行无阻的大道，亨通顺利。这是说，经过蓄积，已经具备了出世作为的条件和能力，已经到了随心所欲不逾矩的程度，所以可以大行其道了。蓄势待发，目的还是发，蓄势不过是一种手段、一种准备而已。所谓前途是光明的，道路是曲折的。所有的曲折，都是对修养蓄德的考验，人经受住了考验，就能成就一番事业，经受不住考验，就会半途而废。这样的道理，于今人而言，是何等的正能量！

在位有为的颐养之德
——《颐卦第二十七》带给人们的启发

今天午间，我在机关的一位老朋友，携带他的新书《美国文学群英谱》清样来看我。我翻看他的这部中英文结合的大作，由衷叹服：一个人想做一件事并不难，难的是经年如一日，做成、做好一件心仪的事。他不仅做到了，而且始终是那样低调谦逊，这又不由得令我想到正在研读的《周易》，联想到正在解读的《颐卦第二十七》中所揭示的颐养之德。

颐，本义是下巴，引申为颐养、保养等义。颐卦，象征着颐养，一个人只要坚守正道就能吉祥如意，他通过观察万物生长的现象，就能晓得通过自己的努力而取得成就的道理。我的这位朋友不正是如千千万万普通的中国人一样，在自觉和不自觉中践行着颐养之德吗？在这方面，我们的心是相通的，这也正是人以群分，物以类聚的道德根源吧。

恪守慎节之义。“初九，舍尔灵龟，观我朵颐，凶。”——舍弃你的灵龟，来观看我垂腮进食，有凶险。也就是说，舍弃自己的谋生之道，而羡慕别人口中的美食，就会躁进失机，因而贻人笑柄，殃咎必至。这就要求人，靠着自己的本事吃饭，他人的宠禄与己何干。谨慎地处事，保持自己的正道，才不至于妄动轻浮。这是做人的基本操守，也是成事的根本之道。

走好谋生之道。“六二，颠颐，拂经于丘颐，征凶。”——颠倒养生之德，又违背常理，向上寻求供养，往前进发就有凶险。也就是说，一个人的发展，一不要颠倒了养生之德，饭是要一口一口吃的，而且是吃自己的饭，何必乞食于人。二是不要违背了常理，常理就是规律，做事情逆天而行，违反道德伦理，不讲规矩，不讲诚信，就是有违常理。三是不要攀龙附凤。自己没有本事，凭空去攀附高贵者的荫护，怎么能够有独立的人格和精神气质呢！

增进谋生能力。“六三，拂颐，贞凶；十年勿用，无攸利。”——违背养生之德，意味着凶险。十年中将没有作为，也不会有任何利益。俗话说，成事在天，谋事在人。要有所成，首先要有所能。一个平庸的人，梦想着一朝登高堂入雅室，是不可能实现的。如果你平庸，你就甘愿平庸这个事实。世界上没有无缘无故的爱恨，也没有无缘无故的作为和利益。想超过他人，就要有超过他人的能力。只有具备了不断增长的谋生能力，生命才有更高的质量，人生才能出彩。

结交贤人若渴。“六四，颠颐，吉。虎视眈眈，其欲逐逐，无咎。”——取于民而用于民，吉祥。要像老虎一样眈眈而视，显示出贪欲无厌的样子，这样才不致有灾咎。人都有欲望，用在正道上，自然如虎添翼；用在邪道上，当然就为虎作伥。为官者，当以虎贪之欲转而求贤若渴，为群众，为一方百姓干老多老多的好事儿。为人者，在社会交往中把虎贪之欲，转为与贤德之人交往，共同切磋好事实事，才不失为社会公序良俗所倡导的好人，才更有助于增长自己的谋生能力。这也是“与善人居，如入芝兰之室，久而不闻其香，与不善人居，如入鲍鱼之肆，久而不闻其臭”的道理所在。

懂得知节善顺。“六五，拂经，居贞吉，不可涉大川。”——违背颐养之道，但居守正道可获吉祥，不可涉越大江巨流。人间正道是沧桑。走正道，不是一根筋，也得懂得“胆大心细、智圆行方”的道理。虽然一时达不到成功的境界，但可以把目标放得长远一些。无论是在处世哲学上，还是在日常俗务中，都懂得节制自己的偏好，善于因时而变。虽不能做时代的弄潮儿，也不能做大势所趋的绊脚石。以柔克刚，耐心等待时机，也不失为上策。

理当在位有为。“上九，由颐，厉吉。利涉大川。”——顺从颐养之道，经历过艰险可以获得吉祥，利于涉越大江巨流。既然顺从颐养之道，经历过了曲曲折折，走上了一定的位置，那就应该有担当，有作为。要不然，贪于安逸，之前所有的付出和努力又有什么意义呢？一个人无论做什么，都有一个适合自己的合适位置，在这个位置上就要振作起来，干出一番与自己的位置相称的事情来，在工作前庭和文化后院，都有令人满意的成果，才不枉此奋斗的一生。

屋顶将塌未塌之际
——《大过卦第二十八》揭示的人生运命

易学的卦辞之间都是相连带的，比如《颐卦》讲怡情养性的道理，如果这方面修习不够，事到临头就会乱了方寸。那么，如何挺过去呢？紧接着《大过卦第二十八》就要讲这个道理。《大过卦》从建筑上的“栋挠现象”，联想到事物极为过分，就会像大梁被重物压弯。这时候，就要大胆纠偏，才能亨通。对于个人而言，大过卦寓意处事要小心谨慎，不可狂妄自大。实际上，就是要求人们时刻记住物极必反的道理。我常讲，什么是成功？在你坚持不住的时候再坚持一下，就成功了，这就是人生的辩证法。联系到每个人的人生命运，这个道理不只是说说而已，也不只是聊以自慰，应该作为一种人生的信条，坚守之，砥砺之，才能不愧对眼前的一片大好时光。面对多舛的人生运命，《大过卦》至少在下面这个逻辑链条上给我们以深刻的启发——

隐忍以待。“初六，藉用白茅，无咎。”——以白茅铺地在上面放置祭器，没有灾祸。人之初，处在人生最茫然无措的阶段。身在社会的最下层，要一步登天，想发达，那是不可能的。想拯救危亡，有心无力，要勿用，才不会有灾祸。否则就会重重地摔在地上，起都起不来。周文王为了保全自己，身陷囹圄的时候不得不吃下用自己儿子的肉做成的饼，才得以脱险。

做以合规。“九二，枯杨生稊，老夫得其女妻，无不利。”——枯萎的杨树重新发芽，老头儿娶了年轻女子为妻。没有什么不吉利。这是说，事物都有规律，有些看似不寻常的事物，首先得看它是不是循着一定的规律发生。合乎规律的事物都是正常的，正所谓规律是不以人的意志为转移的。凡是合乎规律的事物，都是生命力顽强的，阻挡是阻挡不住的，再加上人为的因素。这是说，于动荡危难之时，能抖擞精神振作起来，因而出现一线生机，局势转好而有希望，故“无不利”。

容载有限。“九三，栋桡，凶。”——屋梁压弯了，凶险。人的主观能动性是有限的,人定胜天的前提是顺乎天道,才能胜天。有违天道,说什么也是胜不了天的。人的主观能动性的发挥以合乎自然和社会发展的规律为限度,超过了这个限度,就会四面树敌,四面楚歌。弯曲的大梁承受不住压力,房屋就会塌下来。比如一个人想做大事,首先得有做大事的胸襟,如果没有承事的胸怀,就不会有成事的能力和水平。否则只能是优柔寡断,什么也做不了,到头来是一场空。

张弛有度。“九四,栋隆,吉。有它,吝。”——屋梁隆起不弯,吉利。但有意外事故,不妙。如果自己侥幸摆脱了厄运的纠缠,这当然是好事儿。但如果因此就沾沾自喜,以为自己的本事原来就比别人略胜一筹,这个时候,其他的毛病就会暴露出来。正所谓福祸相依不可测。意外之喜与意外之祸,是相辅相成的。能伸能缩,伸缩自如才是真君子,才是大丈夫。

抽身反向。“九五,枯杨生华,老妇得其士夫,无咎无誉。”——枯萎的杨树重新开花,老妇人嫁了一个年轻丈夫,没有灾祸,也没有好处。自然之大,无奇不有,社会之广,反常现象时有发生。如果一些违背自然规律的事物终于发生了,虽然没有坏处,但也不值得庆幸,也许背后还隐藏着更深的玄机。大过皆非常态,非常理。一些事情的发生,貌似新生事物，实则是回光返照，像《红楼梦》的大观园，外面看是着花著锦，里面已是腐朽透顶。聪明的头脑不只在于顺势而为，而且还在于因时而变。当人在河边看见一池锦鱼其乐融融，如果忘乎所以，一脚踏空，反而丢了卿卿性命。这个时候能断舍离，抽身反向寻找新的光明，才不失为智慧之举。

心向往之。“上六，过涉灭顶，凶，无咎。”——渡河涉水，水淹过了头顶，凶险，但没有灾祸。人过于谨小慎微，只能碌碌无为。是灾躲不过，是祸跑不了。当灾祸已经发生，自甘沉沦，只能遗人以笑柄。这个时候，就像千里走单骑，独步走钢丝一样。只要渡过了难关，就是万事大吉。有的人等不到那一天，因为他的耐性太差，或者能耐太弱。总有人能等到这一天。人生而自由，但无不在枷锁之中。即使戴着枷锁舞蹈，能舞出精彩，也不枉此生。

大过卦是非常之时，需要非常之人，人之境遇也是极好极坏，祸福难料，但君子不能苟且偷生，而应赴汤蹈火，虽死犹生。这就是人生境界的升华。

期待阳光灿烂时
——《坎卦第二十九》的心灵感悟

时光稍纵即逝。老朋友见面彼此打量着，看见对方鬓角的白发、眼角的皱纹，不免慨叹日子过得真快啊。今早看见朋友发的一篇短文，题目叫《人生本无意义》，说的是普通人的生活，普通人每天都是在处理那些看似无意义的事情中度过，其实就是人生的意义。以此说明大多数人都是稳定社会的力量，而不是推动社会的力量。这种观念，与其说是一种中年人对世事的看破，毋宁说是一个过来人对人生的达观。由此让我想到了《周易》的坎卦，就是人们应该如何看待习以为常的坎坷，进而言之，身处逆境、前途坎坷的人生，如何有一个正确面对和身体力行的态度。前途不可能一帆风顺。人生如此，世事尽然。《周易》的卦辞是对人世万物道理的总结和归纳，正因为有逆境，人生才要有乾德的自强不息，才要有坤德的柔韧不屈。那么，坎卦告诉我们的道理具体有哪些呢？

坦然面对。“初六，习坎，入于坎窞（dàn），凶。”——本来前路就是重重坎坷，又坠入坑穴的深处，说明人是到了晦气处不可自拔了，面对凶险无疑。原本行走在正道之上，这次是偏离了轨道，不管是自己所为，还是外界所致，总之是陷入了窘境，看来是祸躲不过，既来之，则坦然面对吧。

小事求解。“九二，坎有险，求小得。”——既然险难之后还有险难，只能从小事上求得解脱。既然有凶险，当然不能坐以待毙，总得想方设法摆脱险境。如两军对垒，硬往前冲，必死无疑，怎么办呢？就得动些心机，想些战术，迂回前进，从小处入手破解大难题。俗话说，千里之堤毁于蚁穴，反之要保护千里长堤，就得一个个点位排查管涌，从小处积累经验，一点点摸索着前进，切忌鲁莽行事，否则欲速则不达。

自我保全。“六三，来之坎坎，险且枕，入于坎窞，勿用。”——来去之路布满坎坷，都是不平坦的路，往前走，是险滩，往后退是断崖，这才会陷入到中间的坑穴，束缚住手脚不能行动，说明进退不能自如，只能在原地动弹不得。表面上看是遭际了坎坷，实则也是一种保护。自己的身家性命被暂时的困境保护起来了。人们常问：什么最重要？最重要的是健康。健康是1，其他都是1后面的0。进而言之，生命最重要，如果连生命都没有了，还谈什么健康！所以，当进退皆险的时候，只好认可眼前的现实，只要生命在，困境总是会过去的，这是说人生的一种状态。人人希望平安顺遂，但人人都不能自保无虞。当生存都成了问题的时候，最大的渴望就是生存下去，就是保全自己。

莫弃于人。“六四，樽酒，簋（guǐ）贰，用缶，纳约自牖（yǒu），终无咎。”——一樽酒，一盘饭，用质朴的瓦器盛着从窗户送入这些简单的食物给人，终于没有灾祸。人在困难时不是一味地乞求于人，而是多看看周围的那些难兄难弟，甚至不如自己的人，施惠于人，于患难之中结交下同道。患难与共，刚柔相济，君臣同心，以诚心求通路，可以摆脱困境，而免于灾害。人在困境的时候，往往会怨天尤人，觉得谁都比自己强，谁都是自己的敌人，这样就把自己的心胸和眼界限制住了。其实人外有人，你的困境跟别人比起来，也许不值一提，你周围的许多人还正在对你羡慕不已。如果这个时候结交朋友，患难见真情，互相帮助，共渡难关。人的问题，最终要靠人来解决，一个人的问题，靠众人帮衬着，总比一个人面对好解决。这就是身处逆境中人所应有的达观心态。

假以时日。“九五，坎不盈，祇既平，无咎。”——沟坎还没有填满，小丘已被铲平，没有灾咎。自身的处境虽然没有好转，但由于自己在小事上求得周全，特别是在心态上泰然处之，周围也汇聚了许多同道中人，不仅得到众人的理解和支持，而且也积累了一定的翻身资本。这个时候虽然还没有从总体上摆脱厄运，但日子过得越来越好，总是在向好的方面发展着。这样的话，还会有什么灾祸继续降临呢？

永葆信心。“上六，系用徽纆（mò），寘（zhì）于丛棘，三岁不得，凶。”——如果不做前面的那些功课，自己就会像犯人一样被人用绳索重重束缚，放置在荆棘丛生的监牢里，多年都不能解救，一直处于凶险之中。好在，自己不是一味地抱怨、挣扎，而是想得开，从小处入手寻求出路，且有一帮患难之交的相助，即使身陷囹圄又有何惧！正所谓风雨过后方见彩虹，坎卦说的道理是，人在艰难困厄的时候，就要有一种自愿把牢笼坐穿的毅力和雄心，相信自己，正如相信自然时序的变化，有好的时候必然有不好的时候，好的时候，懂得感恩，懂得珍惜，不好的时候懂得磨砺，懂得坚守，自己的那一片初心终会有阳光灿烂的时候。

念念不忘离人美
——《离卦第三十》所思所想

读了《坎卦》之后，总觉得心有戚戚焉，人怎么能够始终被荆棘束缚住身心呢？古人与今人的心灵息息相通，好像古人料定今人会经不住世间万物的诱惑，不免要沉湎下去，于是在《坎卦》之后，紧接着就讲到了《离卦》。有人说“离”在八卦家族里是中女，即少妇，最为丰美迷人。当然，现实生活中你完全可以凭着对一个气质高雅的红颜知己的向往和迷恋而渡过人生的难关。但古人说的意思在于要坚守人间的正道。屈原的诗里面充满了美人、香草，那不过是对人间正道寄寓的美好向往而已。其实，《离卦》

早就教导人们，如何才能走出人生的沟沟坎坎。

虚心避祸。“初九，履错然，敬之，无咎。”——步履错乱无序，恭敬谨慎地对待，就不会有灾咎。人的身心都被束缚住了，行为当然就乱了方寸。怎么办呢？老天爷！这个时候真是叫天天不灵，唤娘娘不应。老祖宗在天有眼，告诫人们要以柔附刚，不可莽撞亵渎，要礼敬有加，才能避免不利。如同“火要空心，人要虚心”，虚心不但能使人进步，虚心也能令人避祸。

人间正道。“六二，黄离，元吉。”——被黄色所附着，至为吉祥。黄为土色，这里应该是借指土地之意。用今人的话说，就是做人做事要接地气。西方有个英雄安泰，离开土地就没了力气。东方也有一个重耳逃难时农人送他土块充饥的典故。世间万物，大地为母。这告诉我们，人都是土地生养的，离开了土地，离开了人民，没有什么英雄。反之，英雄落难的时候，养护他、保护他、助他东山再起的依然是土地，依然是人民。相对于土地、人民而言，自己再多的苦难，再多的恩仇也会化于无形。以土地为母，以人民为师，就是人间正道。

鼓缶而歌。“九三，日昃之离，不鼓缶而歌，则大耋之嗟，凶。”——夕阳低垂，应敲击瓦缶高歌，否则将导致老暮穷衰的嗟叹，有凶险。人在困境时，犹如老之将至，夕阳西下，这个时候最缺少的就是精气神儿。如果只做日薄西山衰老之叹，自己真的就老了，凶险自然躲不过。夕阳无限好，只是近黄昏。越是在暮年，越是要老来乐，才能长寿。有人说困难不可怕，你强它就弱，靠着一股精气神儿去战胜一时一地一处的困难，不是英雄，也不会是凡夫。

坦荡为人。“九四,突如其来如,焚如,死如,弃如。”——突如其来的样子,空穴来风,本事不大,声势不小,不能长久。如烈焰升腾，如死之将至，如舍弃净尽，说的是不做无妄之想。水有源，木有本，人生的道路是一步一步走出来的。没有朝为田舍郎,暮登天子堂的异想天开。对于正道的坚守,固然会赢得好报，必经的坎坷是抹不掉、绕不过的。客观地对待自己，宁做小草一叶，不去昙花一现，不去做那些攀炎附势、为人诟病的勾当，坦坦荡荡地做一个守正之人。

不懂趋附。“六五，出涕沱若，戚嗟若，吉。”——泪水滂沱不绝地流，哀伤叹息不已，博得君王的同情，吉祥。古人大体都有忠君的思想，犯了错误或者受了冤屈，在君王面前痛哭流涕，表示忏悔，或能博得君王的恩赐。这样的吉祥，屈原做不来，历来的仁人君子也做不来。只有那些趋炎附势的人做得出来。难道这就是人间正道吗？历史记住的正面人物，大体上都没有把这一条作为正道，甚至多为不屑。这样的人物自然能够苟全性命于乱世，但在世人的心中早就没有了位置。今人也多有此类,但与我等何干。

建功立业。“上九,王用出征,有嘉折首,获匪其丑,无咎。”——君王出师征讨,将有丰功佳绩,折斩敌方首领,俘虏其下属,一无过错。这是建功立业、浴火重生的大道之行。建功立业是人生的最大价值。谁说人生无意义,建功立业就是人生的最大意义。舍身赴难、家国情怀是人生的最高境界。人生的最高境界不在于顺水行舟,不在于风花雪月,而在于自己的职业、事业上有所成就。谁人不想,谁人不思,想来有道,思之有方,行动有果,才不负离人之美。

人与万物的和谐之境
——《咸卦第三十一》的别样解读

《咸卦》所昭示的，是上下相应、男欢女爱、万事亨通的景象。这是古人对美好社会生活的向往，也是今人精神文明建设的不懈追求。人与万物的关系，起于人，中经社会、自然，又回到人。因而人与万物的和谐之境，终归要取决于采用什么态度、用什么方式同人打交道。

始于足下。“初六，咸其拇。”——感应发生于大脚趾。“咸”同“感”，感应，人与人交流，特别是男人与女人的情感交流，亲昵动作，都始于“脚”。大概在古人，无论男女，大脚趾动一动，就是一种示爱的表示。但在这里只是一种比喻。抛开这些不谈，只讲人与人交往，首先要善于观察，观察他脚下的路走的是正道，还是邪道，观察之后，才会心有所属。换言之，天地人三才，只有人与地接近，人与地的和谐点也在大脚趾，立得住，行得端，才是和谐之始、和谐之基。

不要妄动。“六二，咸其腓，凶。居吉。”——感应于小腿肚，有凶险。安居静修可获得吉祥。说的是男女相求，感应到了小腿肚这个地方，说明有感觉了。但毕竟还没有行动,如果遇到的是一个坏人,心动了就预示着要自投虎口，因而凶险。但不管遇到的这位是好人还是坏人，终归还没有行动,也还能自保,因而是安全的。当然这也是一个比喻，喻指什么呢？大概是说不要妄动，要坐待时机的意思。

慎重出手。“九三，咸其股，执其随，往吝。”——感应发生于大腿，执意盲从泛随他人，将会在行动中受挫。男女相求到了这一步，就控制不住了，大腿有感觉了，人就跟着腿走。如果跟定了一个虎狼之人，岂不是毁了青春。就像贾迎春错嫁了一个中山狼。这里喻指，行动之始就谨慎慎重，否则就会出错，交友不慎就会反受其累。

笃定前行。“九四，贞吉，悔亡。憧憧往来，朋从尔思。”——走正道,可获吉祥,没有悔恨。来来往往心意不定，朋友们最终将理解你的想法。既然到了感觉要跟人走的程度，感觉对了就万事大吉，好事笃定。既然跟从了，就不要三心二意，否则终将被弃。与人交往，走上社会也是如此。选定了目标，就要矢志不渝地走下去，不要瞻前顾后，如果凡事优柔寡断，久而久之，朋友渐渐就会少了许多。

打开自我。“九五，咸其脢，无悔。”——感应到了脊背内里，没有悔恨。脢是背肉，背肉又长在心脏的后方，当手、脚、口等都遵照心的命令时，唯独背肉不加理会，而且又在背后，看不到外物，不会被引诱。这是男女相爱从一而终的意思。但另一方面，像这种孤僻不为外物所动的态度，不会与外界发生纠葛，当然也就不能与外界广大的世界沟通，于世交往又是不可取的。

至诚为本。“上六，咸其辅颊舌。”——感应于颚、脸颊、舌头。这些器官都在人体的上部，能以动人的言语，取悦于人，使其感动。但是有两个方向，一是缺乏诚意，玩弄口舌；二是言为心声，以至诚待人，最能打动人。

实际上，《咸卦》告诉人们：与人交往动机要纯正，行动要谦虚谨慎，不要孤僻冷漠、自我封闭，光明正大地主动与外界沟通，勿逞口舌，以诚待人，方能构建起人与外物的和谐之境。

恒者最有魅力，也最值得点赞
——《恒卦第三十二》的文化启迪

中华文化源远流长,中华文明赓续不断。“溯精神源流，赋文化新篇”，是新时代知识分子创新创造文化的使命，也是新时代中国人的精神气质。在这个总的精神气质之中，蕴含着恒者的传统美德。《恒卦第三十二》所揭示的持之以恒的德行，是中华文化的重要精神基因。

古人说：日月得天而能久照，四时变化而能久成，圣人久于其道而天下化成。意思是，日月遵循天地法则而能永久照耀天下，四季的往复变化遵循天地法则而能永久地化生万物，圣人恒久保持其品德，天下就能遵从教化形成风俗。

《恒卦》中的“恒”，有两重意思，一是不易之恒，即久于其道；二是不已之恒，强调运动的永恒性。那么，在现实生活中，如何成为一个恒者呢？卦辞中给出了有益的启示。

一、据实而求，量力而行，不宜好高骛远，自不量力。“初六，浚恒，贞凶，无攸利。”——追求恒久之道，若一开始便乱挖深掘，则有凶险，而没有什么好处。每个人都不能选择出生和出身，不同的时代和环境，就是“命”。如果说人应该信命，信的应该是这个命。但是每个人又会处在不同的际遇，走上不同的道路，有一个不同的结局，这就是“运”。运决定人能走多远，有着相对无限的空间。人生的道路充满了偶然性，因而人要奋斗，在奋斗中改变、延长自己的运。只有那些能正视自己生存的境遇，坚守一颗初心、矢志不移的人，那些脚踏实地、一步一个脚印的人，虽百折而不挠，虽困厄而不倒的人，才能成为命运的宠儿。

二、权衡得失，善于应变，恪守中庸，人生无悔。“九二，悔亡。”——悔恨消亡。个体在自然力面前不堪一击，在时代潮涌中不过是浪花一朵。如果说恒是一种意志品质，恒也是一种与时俱进。中国人的智慧不是体现在“左”，也不是体现在“右”，而在于中庸之道。中庸不是骑墙派，不是风中草，中庸是一种哲学思维，一种辩证眼光，一种生存之道。中庸不是乘势不动，不是逆势而为，而是顺势而起。北宋哲学家周敦颐的《爱莲说》，出淤泥而不染，濯清涟而不妖，就是中庸的点睛之笔。胜不骄，败不馁，喜怒不形于色，保持一颗平常心，终无悔。

三、没有恒心，躁动不安，自取其辱，得不偿失。“九三，不恒其德，或承之羞，贞吝。”——不能恒久保持他的美德，会蒙受羞辱，以致处境困难。心是人的活力之源，也是人的恶行之始。人心是肉长的，最柔软，经不起打击，经不起磨难。人心是充血的，最坚硬，经得起百刃千击，经得起时光的淘洗和岁月的打磨。人心的血性，就是“恒”。如果一个人不能恒久地保持自己的美德，在人群中生活，久而久之，就被人看破、看透，从而引起大家的不满，受到众人的谴责而蒙羞。如果一味地这样做下去，就会见弃于人，严重者身败名裂，轻微者也终将无所事成。

四、居柔位而藏拙，求高远而重行，遇阻隔而坚守，持正义而善成。“九四，田无禽。”——田猎打不到禽兽。人的发展是不平衡的，社会分工决定了不同的社会角色，但无论是干什么，都有一个起步的过程。这个过程是养成恒德的过程，也是释放恒德的过程。冰冻三尺非一日之寒，万丈高楼起于垒土。当一个人处在较低位置，或者处于背运状态时，他变的，不应该是那颗心，变的应该是外化的行为，体现出一种谦逊的态度，像即将成熟的麦穗一样，弯下腰来把自己的关注投放在根部汲取营养上，悄悄地生长，胸怀高远的追求，从不停步，即使爬坡过坎，也要绕道前行，即使没有收获，也要保持中正。

五、自信笃行，莫管闲言，坚守初衷，终无大碍。“六五，恒其德，贞，妇人吉，夫子凶。”——恒久保持柔顺服从的德性，坚守正道。女人吉利，男人凶险。抛开男尊女卑的过时之议，无论男人还是女人，都不应该为闲言碎语左右心态，影响情绪，扰乱行为，凡事以义理为据，以长远为计，以恒定为底线。无论大事业，还是小事功，没有自信，寸步难行。“路边造屋，三年不成。”人云亦云，没有主见，终不能成事。唯有突破众声喧哗，才能独树一帜；唯有兼听取其益者为我所用，才能集众家之长，补己之短，即使没有什么建树，也不是人生的憾事。

六、身居高位，动荡不宁，高高在上，虎落平阳。“上六，振恒，凶。”——振摇晃动恒久之道，有凶险。持之以恒，久久为功。一个人经历了风风雨雨，阅尽了大千世界，终于走上了一个相对重要的位置，就可能会坐享其成。但无论什么时候，天下都没有免费的午餐，都应该一如既往地低调前行。但是，当一个人位置重要了，手中的权力大了，可支配的资源多了，特别是自由发挥的空间广了，那颗本来恒定的心开始不安了，颐指气使，狐假虎威，扯虎皮做大旗，不断出新，折腾不已，且高高在上，不听人言，不纳高见，一意孤行，终至于忘乎所以，有朝一日，残阳如血，跌落断涯。纵观时情世事，不胜枚举，都做了“恒者”的反面教员。

诚如此，恒者最有魅力，也最值得点赞。但终归是，魅力的发散并非一时一地，成功者永远在路上，不到生命完结的时候，谁又有资格说自己是一个恒者呢？历史是昨天的现实，现实是未来的历史。周而复始，无穷尽焉。我们不过是一粒普通的石子儿，共同铺就中华文明的通衢大道，我们以此在文化自信中相互砥砺，努力做一个恒者吧。

遁隐：人生的一种选择
——《遁卦第三十三》的别样智慧

我们的祖先素有辩证法思想，认为一切事物都不可能是一成不变的，不变是相对的，变化是绝对的。《遁卦第三十三》讲的就是如何对待变化的道理。我理解，在先人的思想那里，无论是不变，还是变，都有一个轴心，那就是中正，就是正道。所谓的变化，不是从正道上变化到邪道上去，而是万变不离其宗。所以，遁卦中讲的逃遁、遁隐并不是恢退之意，也不是离经叛道的意思，而是如何退一步，让一分，再进发，再图抱负之意。

抽身在早，是一种智慧。“初六，遁尾，厉，勿用有攸往。”——逃迟成了尾巴，形势将很困难，不要做其他事情。退也不是，进也不是，是人生的两难。在两难中选择，是生活中的常态。怎么办呢？古人给出的智慧，就是抽身在早。明知进而不能，还在那里犹豫不决，就不是明智之举。等不得已再退却，再隐遁，就像是一群动物，在猎人的驱赶下逃遁，被捕杀的一定是那个后退的。单个的动物也是如此，转身慢了就容易被抓住尾巴。当尾大不掉的时候，双方都会围着尾巴做文章，一场火拼，一场厮杀在所难免，要么是被诛杀，要么是两败俱伤，历史上成王败寇的故事，真的是不胜枚举。

砥砺初心，是一种坚守。“六二，执之用黄牛之革，莫之胜说。”——用黄牛之革捆住他牵着走，使他逃脱不了。人的志向贵有恒，岂在朝三暮四？人为信仰而生，坚定理想，就像被牛皮捆住一样，自己不能挣脱，外力也无法解开。这说的是遁隐的一个前提。遁隐，不是无原则的遁隐。如果说正道是人的根本，是人的道，遁隐则是人的活法，是人的术。换言之，即使是遁隐了，那也是暂时的、手段的，内心的志向和坚守的理想是不变的，那是长久的、目的的。

困居小我，是一种沉沦。“九三，系遁，有疾厉；畜臣妾吉。”——被牵系住而不得退避，有疾患和危险，先蓄养臣仆婢妾可得吉祥。有句俗语说，下雨天打孩子，闲着也是闲着。因为下雨，不能外出劳作，在家里干什么呢？只能是两口子磨牙，心情不顺，拿打孩子来出气。如果一个有抱负的人，因为客观的阻力，不能有所进益，他只好退居屋宇，“蓄养妻妾”，过个人的小日子。这不是真正意义上的遁隐，而是一种沉沦，不是一种君子所为，也不一定会有完美的收官。从另一种意义上讲，遁隐不是消极避世，更多的是内心中的一种隐忍和耐受。

遁而有方，是一种境界。“九四，好遁，君子吉，小人否。”——喜好高明的遁隐，于君子吉祥，于小人不吉利。遁隐，实际上是人的一种自我保护机制。无论是君子，还是小人，都是如此。但高明的遁隐，是君子所为，小人是做不到的。君子遁而有方，学不精，要潜学；德不高，要养性；能不强，要精练。而小人只会在背后弄舌使坏，我不好也不想让别人好，结果于人于已都没有好处。从这个意义上讲，正确的遁隐，应该是前进路上的修行，应该是恶行面前的避让，应该是丑态外万象中的自我观照。或者与其说是一种明哲保身，毋宁说是一种韬光养晦。

功成身退，是一种达观。“九五，嘉遁，贞吉。”——成功及时的遁隐，符合正道而可获吉祥。穷则修身，达则事功，一向是君子所为。在位时中正贤明，功成身退也不改初衷，即使在穷达不停变换的仕途上，也书写不同的风流，一如苏轼，权力在握，于民尽善事，流放蛮荒，于己著文章，成就中国人的典型人格。无论是历朝历代，都是铁打的营盘流水的兵，何必在位置上流连往返，该退的时候退下来，把位置留给更年轻、更有作为的人，不也是人生的一种杰作和壮举吗！

诗和远方，是一种归宿。“上九，肥遁，无不利。”——远走高飞，没有什么不利。无垠天宇，浩渺大地，个体不过是一粒尘埃，如果不把自己看轻，完全可以固守在礁岩之上，成就一块沙石；如果不把自己看重，完全可以飘飞在长空之间，幻化一滴雨水。诗和远方，不是诗人的专属，是每一个人的归宿。在历尽千辛万苦，在成长的道路上尽心竭力，在自己的价值得到尽情发挥之后，遁隐就是一种最后的选择。

不是我们选择了诗和远方，而是诗和远方选择了我们。

大壮时期的人生境界
——由《大壮卦第三十四》说开去

阅读《周易》,当我读到《大壮卦》时,想到“壮”这个字,就禁不住心潮澎湃。无独有偶,想不到由古及今,有那么多的人惦记着这个“壮”字。“在线汉语字典”里以“壮”字开头、以“壮”字结尾的成语就有47个之多,而且几乎是一边倒的褒义词。中国人尚武崇德,看武侠片,往往那些武功高强的人,很少轻易出手,从不以强欺弱。练武先修德,否则必遗患于世。这个思想的源头在哪里呢?在《大壮卦第三十四》。大壮时期是形势向好、大展身手的时期。人在这个时候,如何把持住自己,如何修好德,就是《大壮卦》所揭示的义理。透过卦辞，结合那 47 个关于“壮”的成语，这个义理可以归结成六重境界。

第一重境界“力壮”：练就本领，蓄势待壮。“初九，壮于趾，征凶，有孚。”只是脚趾强壮，往前进发会有凶险，这是毫无疑问的。《说岳全传》岳家军中有一员猛将高宠,单枪匹马闯杀金兵大营,连挑十一辆重达千斤的铁滑车,因坐骑吐血倒卧被碾身亡，足见其力大无穷，也足可说明，即使是万人敌，也将会耗尽蛮力。尽管光有蛮力不可取，但无论就身体而言，还是就精神而言，“壮”都是个基本前提,先决条件。我们小时候受教育以及我们成人后教育孩子,常挂在嘴边上的一个词“茁壮成长”，总是被希望和希望别人从小树长成大树,在风雨中长大,为了是为他人遮风挡雨,这就是一种对“力壮”的期待。

第二重境界“心壮”：守持正道，壮心不已。“九二，贞吉。”——坚守正道定获吉祥。心壮的前置条件是力壮，但力壮不及心壮之万一。心壮是人之为人的根本，只有心壮了，才万事想得开，过得去，幸福的日子才能体验到。古人还有一句成语叫“幼学壮行”，语出《孟子》：“夫人幼而学之，壮而欲行之。”意思是说幼时勤于学习，壮年施展抱负，强调的是小时候学习的必要性。可惜人在年轻的时候往往不懂得这个道理，以至于壮年之后无力而“壮”。壮志凌云，形容理想宏伟远大。有理想有抱负，就是“心壮”的体现。豪壮的志愿高耸入云，足见心之力。正如一句广告词：心有多大，舞台就有多大。如果心系天下，脑子里想着的都是黎民苍生的命运，这样的人物多么令人敬佩。理直气壮，说明理由充分，说话气势就壮。心壮，从知识来，从理性来，从精神来。一个人真正的力量，来自于知识、思想和精神。知识就是力量，知识可以改变人的命运。20世纪70年代恢复高考，有知识的青年通过高考走上了成长之路。思想有穿透力，可以延长人的寿命。精神中间贯通着气，即是精气神，人有精气神，事业才能发展，个人才能进步。

第三重境界“德壮”：小人用壮，君子用罔。“九三，小人用壮，君子用罔，贞厉。羝羊触藩，羸其角。”小人恃强好胜，君子却恰恰相反。而且，即使逞强好胜者能够保持住阳刚强盛，其结果也绝不会好。就像强壮的大羊去顶触篱笆，结果只会把角卡在篱笆中而难以摆脱。壮而慎用，这是君子的美德。只有小人狐假虎威，到头来处处碰壁。小时候上学，总有一些流里流气的男生在同学面前装老大，结果呢，都是因为没有教养而不成器。修身修艺不如修德，或者说修身修艺贵在修德。可见，人要到达“德壮”的境界已经很难了，可以说，一般人止步于此，很难逾越。

第四重境界“威壮”:车固无比,所向披靡。“九四,贞吉,悔亡。藩决不羸,壮于大舆之輹。”坚守正道,必获吉祥,悔恨也会消失。因为阳刚十分强盛,既像篱笆已经崩溃,羊角从系累中解脱出来,又像坚固的车轮能负重载远那样。如果一个人身体强壮,心理强大,德行厚重,那这样的人通过他的威信、威望,又不知扩大了自身“强”势多少倍。有一句成语“龙神马壮”,意思是说,像骏马一样有精神。试想,骏马驰骋在无垠的旷野上,那是一种何等的高贵,何等的令人向往。

第五重境界“老壮”:物壮则老,青春不悔。“六五,丧羊于易,无悔。”在田边地头丢失了羊,却并没有什么可遗憾的,不会有什么不利的情况发生。曹操《步出夏门行》云“老骥伏枥,志在千里,烈士暮年,壮心不已”,表达了一种毕生追求事功的精神。许多人虽然有“老骥伏枥,志在千里”的气概,但毕竟力不从心,不能像当年那样生龙活虎般地工作了。人的年龄老,精神不应老,所以“老骥伏枥,志在千里”是值得肯定和尊重的。人到了耄耋之年,当他不断地陷入到对过往的回忆当中,他因为依然保持一颗壮志未酬的心激动不已。他会觉得人生有许多遗憾,但他并不会觉得人生没有意义。

第六重境界“气壮”:艰苦奋斗,否极泰来。“上六,羝羊触藩，不能退，不能遂，无攸利，艰则吉。”强壮的羊因顶触篱笆而被缠绕住了角，既不能后退，又不能前进，怎样挣扎都没有好处。在这种情况下，要能够忍耐坚持，不被艰难困苦所压垮，就会安然渡过难关，获得吉祥。人贵有气，气壮山河这个典故从北宋忠臣赵鼎那里来，由“气作山河壮本朝”的诗句演化而来。后人把“气作山河壮本朝”简化成气壮山河，形容气势或气概雄壮，足以使山河更加美丽。人的这种“气”，是人的灵魂。在困难面前，少壮派会碰钉子，心性好的也许会无所作为，德行高的不必战胜困难，因为他的眼里没有困难。困难不能左右有道德的人，并不等于说，有道德的人就自然而然能战胜困难。但是如果能持之以恒，长期奋斗来战胜一个接一个的困难，这样的人已经形成了自己的气场，人的气场由小到大，随着他的英名远播。

进与升，得失在晋德
——《晋卦第三十五》揭示的六段论

晋，除了作地名、国名、朝代外，其本意为进为升。晋德，就是如何处理与上级的关系，如何对待升级机遇的道德规范。晋卦主张在人的进与升中，有六个阶段修养的基本方法，给我们很多有益的启示。

一、恪守正道论。“初六，晋如摧如，贞吉。罔孚，裕无咎。”——前进之初就遭挫败，坚守贞正本质，即便不能取信于人，能坦然以对则没有什么过错。事物的发展总是曲折的，人生的道路也是不平坦的。当人的成长之路被阻挡，甚至遭到排挤打压，都是正常的现象。不要因此而气馁，而自暴自弃。而要一如既往坚守自己的理想和信念，坚守正道,等待时机,时机总会青睐于那些中正之人。人生虽短，但有的是时间可以等待，只要这样做了就不会有错。

二、保持定力论。“六二，晋如愁如，贞吉。受兹介福，于其王母。”——进步之中的忧愁，只要保持贞正的晋德，就能获吉，将从先人那里承受宏大的福泽。正确对待成长中的烦恼，在晋升受阻的时候保持平和的心态。不把受挫归因于外人，只在内因上找因由、谋退守，总会笑到最后。回过头来看，那些巧借外力，善弄玄机的人都不见了踪影，不是被时代洪流所淹没,便是被世人记忆所遗忘。保持定力，方能善始善终。

三、获取众信论。“六三，众允，悔亡。”——因修养晋德而得到众人的信赖支持，悔恨消亡。人的成功靠自己的努力，靠组织的使用，但都要通过大家的认同。自己的努力，靠修行，组织的使用，靠机缘，众人的认同，始于个人的德行。德不行，行不远，即使满肚子才华，通身的能耐，用非所用，也难成正果。选贤任能，德在首位。机缘可能一时眷顾小人，不能为小人搭建一世的平台。堪大用者，人心向背，不可不察。

四、摆正位置论。“九四，晋如鼫鼠，贞厉。”——修养晋德，要像谨防硕鼠一样，坚守正道以防危险。硕鼠是一种较大的田鼠，专门偷吃田中的粮食。有能力的人靠能力发展，有水平的人靠水平吃饭。没有能力、没有水平的人，只能像硕鼠那样，偷吃别人的粮食。老百姓讲，啥人啥命，有福不用忙，没福跑断肠。正所谓，名不正则言不顺，言不顺则行不果。即便是有相当能力和水平的人，也应该摆正自己的位置，不能做那些自己的格局撑不起的事情。正如一位违纪触法的官员所讲：自己的专业知识是大学水平，政治操守是小学水平。自己用专业知识建起了一座城市，而小学水平的政治操守毁了前程。

五、轻装前进论。“六五，悔亡，失得勿恤；往吉，无不利。”——悔恨消亡，不必为得失担忧。往前进自会有吉祥，没有什么不利。无欲则刚，无所求，才能心底坦荡。一心的阳光，一身的正派，还有什么可以担忧，唯一的顾虑应该是自己的言行举止是不是已经远离了初心。除此之外，再没有得失可以计较。除非私心杂念时时作怪，否则，怎么会食不快胃、寝不安眠呢？因为我们的所思所想都能放在台面上，我们的所作所为都能经得起历史的检验，这就是人间正道。即便是风雨如晦，唯有深陷其中，又置身其外，没有什么不好的。

六、达鹄祛寒论。“上九，晋其角，维用伐邑，厉吉，无咎，贞吝。”——长进至极，钻进角尖，唯有征伐邑国，虽然危险，但可转危为安，不会有灾祸，要坚守正道以防憾惜。人类的理想和追求没有止境，但个人的目标总会有一个终极。一个不能掌控自己人生目标的人，是一个欲望没有止境的人，等待他的一定是亢龙必悔的人生结局。达到了自己的目标，走到了人生的高处，需记住高处不胜寒的道理。有无数双眼睛在盯着，有期盼的目光，有羡慕的目光，有妒忌的目光，在无数各色目光的嚓嚓下，稍一不留神，就会崴了脚，跌了跤，后悔不迭，但如履薄冰，战战兢兢，还是能够平安落地的。

人生至伟,也不过一个来回。晋升有望,只有六步台阶。只要有人群的地方，就有高矮胖瘦，就有前后左右，就有出人头地的空间和大有作为的舞台。古人的先见之明，应该是后人的殷鉴之镜,我辈当勉励同行,不枉好人一生平安。

明哲保身是一种手段，也是一种选择——《明夷卦第三十六》告诉我们的人生哲理

今人对《周易》卦辞的解读，有助于我们明理处事。比如对《明夷卦第三十六》的解读，揭示出明德与隐德相辅相成、缺一不可的道理："明而后隐，是真明善隐，隐而不害，不失其明；不明而隐者，虽隐不明，德薄行浅；明而不隐者，遭害遇难，绝非真明；不明不隐者，则徒受其害。"说明明哲保身，似乎消极，但实际是在形势不利时的一种保全手段。

首先，宁舍安逸之途，也要踏上正义之旅。"初九，明夷于飞，垂其翼。君子于行，三日不食。有攸往，主人

有言。”——光明损伤时飞翔，羽翼低垂，君子仓皇出走时，多日吃不上饭也不要停步，到了所去的地方，又受到主人的责备。是说邪恶残害正义，明德被创伤，君子受伤出奔的情况。君子离开不义的主人逃亡，难免穷困，会多日没有吃的，主人肯定要非议，怨恨或挽留，但君子已决意不食这个主人的俸禄。耽于安乐，醉生梦死，不是志士仁人的向往，有志者向往的是人间正道，正所谓人间正道是沧桑。无论是在历史的长河中，还是在个人的奋斗历程中，要走出一条正义之路，往往都是与荆棘坎坷相伴的。

其次，在遭遇挫折面前，善借外力以求自保。“六二，明夷，夷于左股，用拯马壮，吉。”——光明损伤之时，左腿受伤，靠强壮的马脱离险境，可获吉祥。无论是什么人，英雄也好，常人也罢，没有甘于身陷黑暗而不奋力摆脱的。人在许多时候，都会感受到厄运缠身，烦恼的事一件件一桩桩，总是摆脱不掉，甚至感叹：真是倒霉透顶，怎么喝凉水都塞牙呢！当人处在困难时期，逆来顺受不失为一种选择。但一旦有机会跳出泥潭，总会开动智慧的大脑，举一反三，最终得以出淤泥而不染，保持住自身的操守，而不与糟糕的环境沆瀣一气。

再次，处于黎明前的黑暗，谨记要等待时机。“九三，明夷于南狩，得其大首，不可疾贞。”——光明损伤时在南方巡狩征伐，俘虏罪魁祸首，不能操之过急，这才正确。在古代，天下无道，地火燃烧，志士要以光明征服黑暗，等待举行大义的时机。其实，作为社会个体的人，在和平年代，无论是突破客观的发展障碍，还是突破主观的上升瓶颈，时机的把握都非常重要。“无事如有事时警惕，有事如无事时镇定”，始终把握住对事物矛盾运动的主导权，最终一定会抵达光明的彼岸。

第四，透析自身的处境，抱着既定的目标矢志不移。“六四，入于左腹，获明夷之心，于出门庭。”——要深入左方腹部，探获光明损伤的内中情况，并毅然走出门庭。俗话说，良禽择木而栖，良将择主而事。每个人的成长都受制于环境的影响，平时我们观察周围的人，在同样的环境当中，有的人如鱼得水，悠游自在，发展不可限量，而有的人则灰头土脸，处处碰壁。同样的人，换一个环境就像换了一个人一样，这是何故？原因在于有没有对自己所处的环境进行透彻的分析。因势利导，就能出人头地；不明就里，没有方向感，就只能整天自怨自艾。真正的强者不在于设法去驾驭环境，而是能够在不同的环境中游刃有余，任何环境变化也阻挠不了他强大的内心。

第五，正义得不到伸张的时候，也不要放弃心中的信念。“六五，箕子之明夷，利贞。”——箕子在光明损伤时明智地逃难，是有利而正确的。人生的多数时段都是在逃避，用积极的语言讲，就是不停地在选择。人为什么要不停地选择？就是因为现有的生存空间已经阻碍了他的发展，或者说已经满足不了他的上升。那么，为什么阻碍了他，满足不了他，因为他总是有一股向上的冲力，有一种进取的心。无论他如何逃避，如何选择，他总是向上的，向上的心是一颗正义的心，抱持着坚定不屈的信念。

第六，无论黑暗如何肆虐，黎明终将到来。“上六，不明晦，初登于天，后入于地。”——天空晦暗不明，起初升上天空，最终坠落地下。喻指纣王暴虐，开始登上像天一样的高位，光芒四射，威震四方，最后坠落到地中，是因为他违背了正义的原则，终于灭亡。反之，那些处于暴虐统治之下的人们，终于度过了黑暗、暴虐的过程，迎来了人生的光明天。人生或明或暗，黑暗过后，总会是光明。尘世的运转，和自然的轮回一样，正如冬去春来，人生的艳阳天终究会到来的。

一部古老而逢新的传统家政学——《家人卦第三十七》对家风建设的启迪

《家人卦第三十七》揭示的是天下一家的理念，是一篇教导人们家人间要相亲相爱的哲学讲义。它主要说明家庭中的伦理秩序，特别强调女主内，强调主妇在家庭中的重要性。剔除其男尊女卑的糟粕，更新其男主外女主内的观念，有许多思想对于家风建设不乏启迪意义。

安字当头。“初九，闲有家，悔亡。”——在家庭中凡事防患于未然，就不会有悔恨出现。居家过日子，家是居安之所，家是温暖、幸福的港湾，首要的是从衣食住行做起，事事防患于未然。

中和持家。“六二，无攸遂，在中馈，贞吉。”——不要独断家政，以中正平和的态度在家中主持烹饪事宜，自然可获吉祥。家庭成员之间的和谐和睦，是家得以保全，得以安宁、幸福的根本。家中最讲亲情，没有亲情就不称其为家，而亲情在于相濡以沫，相响以湿。一个威严独断的家长，不能维持一个家庭的长治久安。说白了，家中要有民主，有民主家和万事兴，万事顺。

教子有方。“九三，家人嗃嗃，悔厉吉；妇子嘻嘻，终吝。”——若对家人要求严格，尽管有所怨恨，有危险，仍可获得吉祥。妇人与孩子成天嬉戏，最终仍会带来种种麻烦。严父慈母，是中国家庭教育的基本模式。素有棍棒底下出孝子之说。子不教父之过。纵容溺爱，遗患无穷。所谓富不过三代，主要是指靠着祖辈打下来的基业图安逸，躺在先人的财富上挥霍无度，坐吃山空，早晚也会成为一个败家子。

富家有道。“六四，富家，大吉。”——使家庭富足，大为吉祥。强国富民，是中国梦的一个愿景。富民，主要是使家庭富足。家庭富足，除了国家、社会外部力量的强大支撑，关键还是看一个家庭的日子怎么过。治家有方，富家有道，才是大吉大利。这些过年的话变为现实，是一个社会得以平安的基础保障。家庭是社会的细胞，家庭富了，社会才能富裕，社会治理也有了可靠的物质保障。

天下一家。“九五，王假有家，勿恤，吉。”——君王用美德感化众人并视天下为一家，无须忧虑，吉祥。以家及国，天下是一家，家国情怀，国是千万家，家是同一个国。以家庭主政者推及到国家治理者，都是同样的道理。齐家、治国、平天下，治理一个国家也像持家一样，要民主，要富足，百姓安居乐业，国家才能强大。

以上率下。“上九，有孚威如，终吉。”——心存诚信又威严肃穆，终获吉祥。说到传承家风，讲到家庭美德，都要由家长带头。无论是家庭、单位、地区、国家，都要以上率下。上梁不正下梁歪，没有一个好家长，就教育不出好孩子。家族环境的影响，在孩子成长的过程中，是打基础、起决定作用的。当那些把自己没有能力实现的美好愿望，一股脑儿地摊到孩子身上，而恨铁不成钢的家长，首先应该反躬自问，自己做得怎样。

借你一双同异的慧眼
——《睽卦第三十八》揭示的同异观

睽，原意是目不相视，引申有违背、乖异、背离的意思。俗话说，家和万事兴。天下一家，家和是《家人卦》研究的事理。家不和，也就是说，事物在矛盾中运动，如何面对不同和差异，则是《睽卦第三十八》揭示的事理。

“睽，小事吉。”直译作：睽卦，小事吉利。可以解释为，世间一切事功，都始于小事。要成就大事功，必始于做好小事情。睽卦所揭示的道理，正是这样：把一件件小事做好，始于对睽卦卦辞的把握。

一、小同小异，无关宏旨。“初九，悔亡。丧马，勿逐自复。

见恶人，无咎。”——出门旅行没有什么可以悔恨的。马跑掉了，不必去追，它自己会回来。途中遇到容貌丑陋的人，也不会有什么灾祸。在做事之初，正如一次长途旅行的开始，要懂得这样的道理：没有一顺百顺的时候，都要顺其自然。无论发生什么情况，都不要后悔，客观地对待得失、差异，以及相背的事理，就不会发生什么灾祸。

二、孤巷求同，人我同类。“九二，遇主于巷，无咎。”——刚进小巷就遇到主人接待，没有灾祸。也就是说，求同存异，是人类共同的心理需求，抱着这样的心理，周游于世界，就不会有什么风险和意外。人们都有这样的经历：出门在外，特别需要得到陌生人的帮助；如果遇到陌路求援者，总是有力所能及提供帮助的冲动。在遇事明理方面，也同样是这个道理，没有哪个人是孤独求败的，都希望得到他人的理解和支持，也都希望给予他人理解和支持。这是人们共同的心理基础，共同的心理防御机制。

三、事有异理，理通行顺。“六三，见舆曳，其牛掣，其人天且劓。无初有终。”——看到一辆拉货的车，拉车的牛很吃力，一步一使劲，牛角一俯一仰的，赶车的人是个被烙了额、割掉鼻子的奴隶。开始时拉不动，最后拉走了。条条大路通罗马，有的远，有的近而已。同样的车，换作旁人可能就不像这个奴隶赶得那么费劲，但他和他的牛毕竟是在前行。人的见识不同，能力各异，思维也不一样，只要自我感觉好，行得通，何必求同，不必强求一律。

四、待人以诚，异同相融。“九四，睽孤，遇元夫，交孚。厉无咎。”——旅人孤身赶路，遇到一个阳刚的大丈夫，彼此以诚相待。虽有危险，终无灾难。以诚相待，是打破人与人之间障碍的前置条件。诚信是沟通的试金石。不管是阳刚的大丈夫，还是市井小人，只要人与人之间以诚相待，总能相互理解。至少可以各行其道，各行其是，互不打扰，互相不拆台。或者能够找到利益的共同点，能够相互借力，共同做事。

五、异同本源，何异之有。“六五，悔亡。厥宗噬肤，往何咎？”——没有悔恨。看见同宗族的人在吃肉，往前走去，哪有什么灾祸？人都生活在一个群体当中，群体中的人都有共同的目标和追求。自己与他人不同的见识，都是源于对共同目标和追求的不同理解。所谓的异同，本来就是相同的，还有什么矛盾和隔阂不能化解呢？所以，人们历来主张团结，特别是团结那些与自己的意见不同的人一道前行。

六、貌似大异，实为大同。“上九，睽孤，见豕负涂，载鬼一车，先张之弧，后说之弧；匪寇，婚媾，往遇雨则吉。”——旅人孤身赶路，看到一头猪满身是泥，一辆大车载满鬼怪打扮的人。起初拿起弓箭要射，后来放下了。原来这些人不是来抢劫，而是求婚者。旅人继续前行，虽然遇到下雨，但平安吉利。我们可以说，这个世界上的人，可能有许许多多自私自利者，但少有天生恶毒的人，他们行恶，自有道德和法律行使裁量权。我们所交往的人，都是在现行的社会体制之下。所谓的意见相左者，所谓的利益不同者，心里都应该有一个公平正义的底线。而这个底线，就是我们的“大同”。

骑驴看唱本，走着瞧
——《蹇卦第三十九》发人深思的地方

蹇，是跛足的意思，引申为蹇驴。如果骑着跛足的驴，行进在崎岖不平的路上，其艰难之状可想而知。由此，令人想起成语“命运多蹇”。世间万事万物，都是简难相对，顺利与不顺利相互交织的。当面临困难、不顺利的时候，骑着蹇驴往前走，怎么办呢？《蹇卦第三十九》的话说到了要害处。

等待时机，只能有利，不是坏事。“往蹇，来誉”——往前行进将遇险境，后退将得到赞美。正所谓“识时务者为俊杰”，明知前路难行，或者行不通，还硬往前冲，不是英雄壮举，只能算作是鲁莽之举。时机是等来的，更是抓住的。等待时机，需要的是一种智慧。所谓英雄，首先是智慧出众的人，智慧出众的人是善于等待和捕捉时机的人。也就是说，骑着蹇驴的时候，是不能一味地往前走的。要问问路，要治治驴，然后再做打算。

干事创业，不只为己，出于公心。“王臣蹇蹇，匪躬之故。”——臣子为了解救君王的困境，努力奔走在危难之中。如果是为了自己，他是用不着这样做的。大道至简，却容不下一个“私”字。人都有私心，但不能为私心所迷惑。心生杂念不仅徒生烦忧，更使人生常陷泥沼。比如，干事创业如果只考虑个人的政绩不把民生放在第一位，如果只考虑个人的升迁留转，不计他人的得失，就难以得到民众的认可和扈从的支持，声名虽显赫一时，亦不能逃脱跛足的败笔，结局可能还不如一头蹇驴。

历经坎坷，实属正常，平和对待。“往蹇，来反。”——往前行走艰难，返回时则正好相反。也就是说，在困难的时候，如果认清了形势，就不要再继续往前走了。与其临渊羡鱼，莫如退而结网。顺利的时候，不能喜形于色，困难的时候，更不能自怨自艾。什么是端庄？端庄是一种修养，女人优雅，男人不慌张。这就是日间各色人生的一把尺子，以此可以区分出高下，判断出强弱；也能论清个是非，把握好自己。

玉汝于成，得道多助，失道寡助。“往蹇，来连。”——如果要奔赴危难，就该联合其他的力量，只有这样，才有可能解救危难。最近在看一部电视剧《风筝》，一个潜伏国民党军统高层的共产党员，他一生的遭际，不以个人的荣辱为念，维系他活下来的归结为一种信念。有人说，人生下来就是受难的，光有爱没有恨的人生是没有滋味的。在遭遇面前，如果不能对“人为什么活着”作出有力量的回答，那么结局只能是叛徒。

大业惟艰，志同道合，方见真情。“大蹇，朋来。”——处境极为艰难，却有众多的人来协助他渡过危难，表明他能够坚守正道，行为合乎准则，所以有众多的人前来协助他。没有谁不付出代价就能得到社会的认可，也没有谁不敞开心扉就能交下真正的朋友。我们来自五湖四海，为了一个共同的目标走到一起来。如果我们的社会有良知，有道德，讲风尚，讲正义，单个的人终能汇合成磅礴的力量，如涓涓细流汇入大海，我们的朋友遍天下。

坚忍不拔，终成正果，得见光明。“往蹇，来硕，吉，利见大人。”——如果前进就会陷入险境，退回来却可以大有收获。这样做就会吉祥如意，有利于出现大人物。“见到大人物”，说明人生有了境界，上了层次。比如从政者，说明政绩飙升，得到了提拔重用；比如经商者，说明纳税额出众，得到了社会兼职。这个结果来之不易，都是正道的积累。这个结果就是“入世”的人生价值。因为它是以“出世”心态得来的，所以才显得弥足珍贵。

摆脱困境的基本法则
——解读《解卦第四十》

事物的发展虽然是曲折的，但历史总是波浪式前进的。从事物的发展规律而言，万物不能也不可始终都受到阻碍。所以接着《蹇卦》的正是解决困难的《解卦》。个人的发展前途是光明的，有困难终会战胜，没有过不去的沟沟坎坎。社会的发展也是如此，无论马克思主义解放全人类的思想，还是中国古代的大同理想，都是引导社会向着光明进发的。《解卦》揭示的摆脱困境的基本法则有六：

一、静待墒机。"初六，无咎。"——没有灾难。事物在矛盾运动中，对立的双方既斗争又统一，共同作用于一个整体当中。正如冬季里的茫茫大地，冰冻和地热始终交织在一起，阴阳相依，刚柔相接，彼此须臾不可离。如果困难能把一个人压垮，这个人不存在了，消亡了，那困难本身的存在也就没有意义了。从冰冻占据绝对的优势地位，到慢慢消融，地热的势力渐渐上涨，达到绝对的优势地位，这个过程即幼苗破土而出之前的过程。没有什么灾难，也不可能有什么灾难，只不过人的手脚被蹇难束缚着而已。这是《解卦》的逻辑起点。

二、保持定力。“九二，田获三狐，得黄矢，贞吉。”——打猎抓到多只狐狸，并获得黄铜箭头，坚守贞正品德是吉祥的。这里面，古人用了文学的表现手法。狐狸是迷惑人的动物，象征小人；黄色为中色，矢为箭为直，黄矢，即中直，坚守贞正之德的意思。也就是说，面对小人，只要保持住正道的定力，就不会被迷惑。不被迷惑，保持清醒头脑，就意味着不犯错误，不会被歪邪拉下水。

三、德位相配。“六三，负且乘，致寇至，贞吝。”——背着东西坐在车上，招来了强盗，这么做是错误的。古人说的意思是，品德与地位不相称是祸之源。在古人看来，乘车的人都是君子，背负东西是小人干的事儿。也就是说，身在君子之位，却干着小人的勾当，自然会引来祸端。正所谓名不正则言不顺，言不顺则祸端至，所以说品德与地位相称很重要。志在天下，梦想干大事的人，没有与之相匹配的高风亮节、宽广胸怀，没有不栽跟头的道理。

四、远佞近贤。“九四，解而拇，朋至斯孚。”——解除与小人的关系，朋友们将前来，彼此间心诚相应。俗话说，物以类聚，人以群分。又说，近朱者赤，近墨者黑。如果一个人总是与不三不四的人为伍，正直贤良的人避之唯恐不及，怎能与之共事？如果一个人能够解除与小人的关系，结交他的君子一定会不找自至，孔子说益者三友，损者三友，解除困境，摆脱困难，靠的还是真正贤德的朋友。

五、诚信服众。“六五，君于维有解，吉。有孚于小人。”——君子被束缚的蹇难解除了，吉祥，对小人要以诚信去感化。人们解除困境，摆脱困难不是只图个人的平安，而是为了更好地干事创业，实现自身价值，更何况，只图个人的平安，恐怕永远摆脱不掉客观因素的干扰，即使客观上没有了障碍，主观上的阴影也是难以根治的。所以说，成功者依靠君子解除了蹇难，回过头来还要以自己的诚信去感化小人，这样才能服众。这样一来，小人也会退避三舍，至少不再表面上兴风作浪。

六、奋力前行。“上六，公用射隼于高墉之上，获之，无不利。”——上六，王公射杀高墙上的恶隼，一击便中并捕获它，没有什么不利。解除困难，摆脱困境，在精进前行的路上，该是大展身手，大有作为的时候了。要有雷厉风行的态势，要有敢把皇帝拉下马的气势，这时候对小人采取果断措施，不仅有条件，而且是必须的，必须扫清前进道路上的障碍，否则，又陷入了蹇难的恶性循环，这是真正解除困境的标志，也是《解卦》的逻辑终点。

致我们达无损减的人生
——读《损卦第四十一》的启迪

任何一种选择，都是另一种选择的机会成本。经常听到有人抱怨，悔当初如何如何，岂不知，当初不做出这种选择，而做出另外一种选择，也许后悔的心会更强烈。每个人都处于选择的丛林当中，甚至每时每刻都面临着选择，不做出这种选择，就做出另外一种选择。总而言之，选择是一种常态。问题不是要不要选择，而是做出哪一种选择，才会是相对较优的选择，其中一个重要的标准——是形式上的减损，还是实质上的减损，这就是《损卦》要告诉人们的道理。

电视剧《风筝》，反映的是隐蔽战线斗争的故事。当民族面临存续危亡的时候，两条战线上的英雄汇合在一起共同御敌，是一种选择。当打败了民族敌人，陷入到内战之中，英雄们各自归巢，分道扬镳，也是一种选择。“中国人民正在受难，要奋斗，就会有牺牲。”一个个英雄倒在敌人的枪口下，他们遭受非人的酷刑，他们的身体被戕害，甚至死无葬身之地，形式上的减损到了无以复加的地步，而他们的信仰不曾改变，他们的英名虽然淹没在茫茫人海，但他们的英雄壮举足以感天动地。实质上，他们生命的价值实现了最大化。平凡的人崇拜英雄，歌颂英雄，又有几人能成为英雄呢？我们大多数人都陷入选择的忧思当中，不妨听听《损卦》是如何教授我们的吧。

斟酌损益。“初九，已事遄往，无咎。酌损之。”——停下手头的事迅速前往辅助别人，没有灾咎，应当斟酌损减阳刚之质。这个道理很简单，人们做事情无不考虑到会有什么损失，有什么收益，但多数人是停留在物质的层面上。同时还应该考虑到精神上的层面。本来自己的事都忙不过来，见到别人需要帮助马上放下自己的手中事儿去帮助别人，这不是傻帽儿，而是雷锋精神。形式上看自己的事耽搁了，实际上因为自己助人为乐在道德上有所收益，这种道德叫“群德”。道德分“弱德”和“群德”，前者是自我的修养，后者是利他的行为。当然，这种助人的行为也是需要斟酌的，适度把握。用今人的话来说，就是人人为我，我为人人。不能失掉自我，又不能使自我膨胀，把自我放置在一个群体、一个团队中，这样来斟酌损益就不会有过错。

不损而益。“九二，利贞，征凶，弗损益之。”——利于坚守正道，急于向外发展则凶险，不用减损自我就能增益上方。我们常讲“德位相配”的道理，也就是说，人的道德修养得与他所处的位置相匹配，否则，离祸患就不会太远，就像一位落马的高官，他在自我反省的时候，说过大概这样一段话：我的位置，我的工作是大学水平的，但我的思想政治水平和道德修养是小学水平的，所以我倒下了。一个人在最初的位置上，因为他志存高远，他渴望有所作为，但他的能力和水平还都一般化，他本身已经是减损了，这个时候，再不顾现实，冒冒失失地东闯西串，不但搞不出什么名堂，而且等于是一损再损了。这个时候不宜急于拔苗助长，按着自然发展的规律，阳光雨露布德泽，自然而然会有所成长进步。也就是说，耐住性子，潜心向学，积累能耐，将来何愁无用武之地。

穷益孤愤。“六三，三人行，则损一人，一人行，则得其友。”——三个人同行，会因为其中两人背地同谋，而损害另外的一个人。一个人独自行旅，则可以交到真正的朋友。古人云，穷则修身，达则兼济天下。“穷”是在自己困顿，没有地位，没有资源，手无缚鸡之力的时候。这个时候，应该是以修身为主。人们在修身的过程中，有一对矛盾现象存在：一个方面是“三人行，必有我师焉”；另一个方面是“三人行,则损一人”,但这个矛盾也是可以化解的。前者说的是一种学习的态度，后者说的是一种处世的方略。仅就后者而言，一个人的成长固然离不开群体，但端赖于个人的努力。只有有自己的主见，有自己的判断，超越一个群体，才能驾驭这个群体。这是在鼓励一个人要有孤独求败的勇气，摆脱舒适的生活环境和需要帮衬的人际关系，发奋图强。这样看来，损的也许是精力，收益的一定会是成功。实际上说的是人在困境中如何自救、自助、自我发展的道理。

损疾有喜。“六四，损其疾，使遄有喜，无咎。”——减损自我错误，能使他人速来相助，使事情有惊喜有收获，无过错。谦受益，满招损。一个人最大的毛病，就是对自己的毛病不自知，如果对自己的错误、缺点、短板都有清醒的认识，特别是身体力行地去改变，那一定会更有助于成功，有更多的欣喜事情发生。读书阅世，我们感到，一个成功的人，他不会是完人，但他总是善于发挥自己的长处，而尽力规避和弥补自己的短处。减损自己的错误，就是在增加成功的可能。这个道理虽然简单且不易行，因为人们往往都很固执，不太容易承认自己有错。做人的工作，做思想政治工作，是最难的。难就难在没有谁肯轻易地就承认自己的言行是失当的。正因为如此，这就形成了成功者和平庸者之间的分野。成功者敢于和善于承认错误，并在减少错误的过程中受益，而平庸者一根筋在糊里糊涂中过日子。

有益无损。“六五，或益之十朋之龟，弗克违，元吉。”——有人以昂贵的大龟相赠，不必辞谢，是大吉事。世上本无“天上掉馅饼的好事”，但当我们付出了努力，并且这些努力都是正当值得的，即便是得不到奖赏和认可的情况下也是分内的。但恰恰得到了奖赏和认可。我觉得，这就是一种“有益无损”的状况。如今是新时代,国泰民安，民生是最大的福利。无论身处哪一个阶层，都是改革发展的受益者，无论是社会、组织，还是他人，给予我们的都远远多于我们的付出。这就是幸福感的源头活水。退一步讲，身在一个单位、团队里面，能力有大小，水平有高低，贡献有多寡。对于那些能力小、水平低、贡献少的，都和大家拿着一样的薪水，还有什么可抱怨的呢？还有什么理由在背地里叨叨咕咕心里不平衡的呢？遗憾的是人们不承认自己不如人，如果都承认自己有不如人的地方，自己是一个有益无损的人，岂不是天下太平！

达无损减。“上九，弗损益之，无咎，贞吉，利有攸往，得臣无家。”——不减损自我而施益于人，没有过错，坚守正道可获吉祥。事业进展顺利,可使天下臣服,不限于家族。达则兼济天下，有本事的人能团结人，有人跟随他，像那种振臂一呼应者云集的人，他就达到了“达无损减”的境界。这种状态是奋斗得来的，比如领导干部，组织给了他平台，群众赋予他权力，他是“大得志之人”。在古代，他就是君，其他的人就是臣，哪有臣不尽忠效力于君的呢？在现实，他是一个正派的领导者，他为了一个共同的理想在掌舵，哪有不全心全意跟着他干的部属呢？对于一个人，事业进展顺利的时候，一顺百顺，事事如意，生命进入了黄金时期，不抓紧做好自己的事，不做出一番事业来，就愧对了这个世界给予他的一切。

我们都渴望达无损减的人生，虽不能至，心向往之！

破解世道的生命之问
——《益卦第四十二》的别样感怀

岁月更迭，人世交替。茫茫人海，大浪淘沙。有的人令我们景仰，有的人让我们怀念，而绝大多数人就此湮没。这就不得不引发我们的生命之问：如何在尘世之中留下影踪，何以在人们的心中留下印记？回答这个问题，首先到经典的文丛中寻找答案。先人的典籍至今犹在，它本身就是一种令人向往的存在。比如《周易》，那上面分明写满了各式各样的答案。只需我们静静地省察自已，然后向外扩展思想的伟力。《益卦》告诉我们的是损上益下、固本强根的道理。从个人修养的角度,亦即损已益他、功成大业之道。

这或许就是对生命之问的一种解答。

解答之一:大道源于情志。“初九，利用为大作，元吉，无咎。”——有利于大有作为，至为吉祥，没有过错。任何社会，任何时代，立大志做大事都是没有过错的，都是值得提倡的，于世于人于己都是生命价值的最大体现。奋斗者是幸福的,幸福都是靠奋斗实现的。翻开一本本名人传记，哪一个伟人、巨匠不是从小就立志做大事的呢？我们习惯于教育孩子从小立志，轮到自己反而对此不屑，为匆匆而过的每个日子寻找碌碌无为的借口。

解答之二：正道无所顾忌。“六二，或益之十朋之龟，弗克违，永贞吉。王用享于帝，吉。”——有人以价值昂贵的大龟相赠，不必辞谢，永远坚守正道就能吉祥。君王任用他来祭祀天帝这是吉祥的。常言道，水至清则无鱼，人至察则无徒。成大事者，不是随波逐流者，而是善于驾驭、顺应潮流的人。需要强大的后盾，需要“贵人”相助。人间正道是沧桑，唯有正道才代表时代的潮流，反映社会的方向。什么样的人物可堪大用？我们考察和评价一个人往往说起“德才兼备，以德为先”，但又往往因为“德”是虚的、“才”是实的而重才轻德。而且，德，绝非一般意义上的私德和公德所能概括。这种德应该是出于公心的正道。只要有出于公心的正道,不必计较方法和手段的正当。否则，就会束缚手脚，捆住思想。正所谓“大行不顾细谨，大礼不辞小让”。

解答之三：中道砥砺前行。“六三，益之用凶事，无咎。有孚中行，告公用圭。”——凶恶事件中求助增益，没有过错，应心怀诚信，中道而行，持玉圭向王公告急。中庸之道，是圣人之道，是中国人的最高境界。我们平常所理解的中庸之道，往往是指不偏不倚的中间道路，这种理解有其合理的一面，但也不尽然，至诚至善才是他的核心要义。如果一个人心怀至诚至善的理念，一路前行，才能善始善终，善做善成。但是对于至诚至善，又有不同的理解。传统文化是一面镜子。我们为什么要坚定文化自信？自信本身就是一种文化积淀，对至诚至善的中道精神，保持正确的理解，唯有回归传统，在文化土壤里汲取营养。

解答之四：王道有所作为。“六四，中行，告公从，利用为依迁国。”——持中慎行求告王公，公必言听计从，有利于依从君王迁都益民。家国情怀，魂牵梦绕。依归民族大义，着眼国家未来。国家用这样的人，才是国家之幸，人民之福。执政者用这样的人，这样的人才能施展作为，实现抱负。这样的人，只有遇到贤明的政者，才能用行动证明自己的存在，才能充分地实现自己的存在度，这就是传统治理所倡导的“王道”。昌宁盛世，只有在这样的王道之下，想成事成大事者才能有所作为。生逢盛世，世人之幸，我等之幸。如果荒废时日，报国无门式的慨叹，怨天尤人般的怨妇，岂能理解！

解答之五：人道应者云集。“九五，有孚惠心，勿问元吉。有孚惠我德。”——有诚信使人受惠之心，毫无疑问是至为吉祥的。这样天下百姓必然也会诚意回报我的恩德。鲁迅在《呐喊》自序中说：“因为这经验使我反省，看见自己了；就是我决不是一个振臂一呼应者云集的英雄。”那不只是他个人的悲哀，是他那个时代的悲哀。在我们这个时代，在平凡的岗位上的奋斗者，就是英雄。只要诚心为人，专心务事，尽心建功，就会得到回报，而最大的回报，就是有更多的同道，更多的响应。

解答之六：天道问心无愧。“上九，莫益之，或击之；立心勿恒，凶。”——没有人增益援助，反而有人攻击，不能长久恒守立下的心志，有凶险。最近我在读张立群《心态史的研究与进路》一书，作者认为现当代诗人的心态主要有四种类型：其一是以追求诗歌艺术为目的的艺术型心态，其二是带有鲜明功用意识的实用型心态，其三是文化型心态，其四是个体生命和情感体验的心态。这给我启发，做人做事的心态很重要，如果能够杂糅以上这几种心态，就能够做到问心无愧，而问心无愧就是一种天道。

成功突围的故事
——《夬卦第四十三》向我们讲述的

三月接近尾声，东北大地万物复苏的迹象越来越明显。有人说东北的冬季漫长，“春脖子”短，当人一旦感受到春的温暖，就马上步入到了夏天。言之有理，自然的四季确实难以分明，二十四节气不可能在广袤的大地上平均分配。但岂不知，任何变化都在悄悄地进行着，事物的发展从量变到质变是一个过程，只有量积累到一定程度，达到一定的度，才能迎来事物的质变。自然如此，人事亦然。这让我联想到《夬卦》讲的一番道理。

夬（通决），有大水破堤决坝之意。黄山书社《周易名家解读》讲道："决德的要点，是讲究斗争方式，借助舆论，通过和平裁决来解决为宜，而不能以冒险的武力手段来解决。给坏人以口实，给人民造成不必要的损失。"我倒觉得，夬卦讲的是一个君子如何突围的故事，而且是一个类似自然变化于无声之中摆脱像坚冰一样束缚生机的故事。

故事发生在人群中，发生在人与人之间，其经历大致如此：

一、立足未稳，易受夹击。"初九，壮于前趾，往不胜为咎。"——脚趾前端受伤，冒失前往不能胜任，将遭难。比如一个人初来乍到，或者刚刚履新，脚刚着地，不宜冒失前行。如果轻言冒进，没有适应周边的环境，没有得到同行的认同，就难以打开局面。成功的甲谨小慎行，一步一步融入群体；失败的乙趾高气扬，就一步一步远离了群众。

二、如履薄冰，安然枕上。"九二，惕号，莫夜有戎，勿恤。"——时刻忧惧地警惕呼号，就是夜晚敌人来犯，也不必担心。"战战兢兢，如履薄冰，如临深渊"，是为官之道，也是做人之要义。虑事周详，居安思危，处富忧贫，享乐思悲，晚上才能睡个安稳觉。成功的甲每天审时度势，始终保持清醒、清晰、清楚的头脑，凡事都井井有条，组织得力，协调有方，反而显得轻松自如，精力旺盛，状态极佳。失败的乙整日忙碌，不管不顾，没有计划，不知就里，反而情绪低迷，碌碌无为。

三、不形于色，刚毅内敛。“九三，壮于頄，有凶。君子夬夬独行，遇雨若濡，有愠无咎。”——决断之心显于脸部，有凶险。君子当刚毅果决，独自行事，尽管遇雨被淋，心中颇有怨气，但终究事成没有灾祸。君子当喜怒不形于色，如果情绪变化都写在脸上，非但是不成熟的表现，而且也容易招致非议和攻击。比如，遇雨被淋，尽管心中有怨气，也不表现出来，甚至还可以站在雨中大喊：“让暴风雨来得更猛烈一些吧！”这就是成功者的刚毅，也是失败者不具备的德行。失败者往往因为自己的利益患得患失，总也摆脱不掉追名逐利的阴影，连自己的内心都突破不了，怎能在芸芸众生中成功地实现突围呢？

四、顺时忍势，善于守拙。“九四，臀无肤，其行次且；牵羊悔亡，闻言不信。”——屁股受了伤，走起路来十分困难，如能像牵羊一般跟从他人前进，悔恨消亡，无奈听了这忠告也不相信。成功的人不一定总处于强势，正如失败的人往往也不是无能。所谓时势造英雄，英雄不问出身，但英雄必借时势。罗马是一天一天建成的，英雄也是一点一点塑造的。当人处在逆境的时候，英雄也可能甘居人下，甚至如韩信忍受胯下之辱，当人处在顺境的时候，英雄也必须有所顾忌。成功的韩信忍得大辱，失败的韩信归咎于忘乎所以。忘记了出处，忘记了来时的路，最终也就走上了不归路。人，忍得了一时风平浪静，时时都可东山再起；忍得了一世，终究会一事无成。君子当顺势忍势，该出手时就出手，虎落平阳就得忍犬欺。胜券不在一时一地，从长计议方得善终。

五、远离奸佞，斩断瓜连。“九五，苋陆夬夬中行，无咎。”——像斩除柔脆的苋陆草一样刚毅果断地清除小人，居持中正品行就没有灾祸。近朱者赤，近墨者黑。亲贤者，远小人。不与不义相勾连，不陷是非论短长，是人间大道。成功者不惧怕小人当道，时时警醒不要落入“围猎”俗套，而且敢于断然说“不”。水至清虽无鱼，水至纯则可饮。失败者往往与俗套同流，摆脱不掉利益的羁绊，总是与一群吃吃喝喝的朋友打得火热，总是被哥们义气的氛围包围着，终至有一天身陷囹圄。悔不该当初，愧悔把责任推及旁人，也不痛定思痛，即使痛定思痛，悔之晚矣。成功的突围重在突围，当有一天自己站在高原之上，回望来时的路，张牙舞爪的扈从皆是一片云烟散尽。

六、小人居上，终有竟时。“上六，无号，终有凶。”——不必呼号求救，凶险终究难逃。一个人的独行，难免与虎狼为伍，更考验人的是虎狼当道。当成功者的突围接近尾声，也就是小人的末日行将到来。最疯狂的围堵也不可能阻止摧枯拉朽的气势，也不能挽救大河决堤的结局。人间正道是沧桑，沧桑过后，拨云见日，英雄便横空出世了。这个英雄也许是持枪杖剑的武士，也可能是恪守思想之光的文弱书生。无论是何种成功，成功者都将把阻碍成功的一切踩在脚下，从而完满地完成一个成功者成功突围的故事。

人在旅途不可不察的清醒
——《姤卦第四十四》的智慧启迪

姤，是相遇的意思。人在旅途，势必与困难、曲折相遇。当合则合，不当合则不合，时时、事事保持清醒，才能在人生的旅途上少些波折，立于不败之地。

“姤：女壮，勿用取女。”此句直译为，姤卦象征邂逅，女子过分强壮，则不宜娶为妻室。寓意为阴盛阳衰，“阳”与“阴”不宜结合得太紧密。换言之，人在旅途，如果阻力过于强大，不要沉湎其中，应该跳出来，保持一定的距离，冷眼旁观，制定因应之策。

人在旅途要有制动装置。“初六，系于金柅，贞吉。有攸往，见凶，羸豕孚蹢躅。”——把自己紧紧地系在金属制成的刹车上，坚持下去吉利；有所前进，就会呈现凶险，像母猪浮躁不安地来回活动。小时候骑自行车，翻山越岭去上学，父亲告诉过我一个道理，骑自行车之前一定要检查一下车闸是不是好用、管用，否则下坡路骑行就会很危险。同样的道理，人在旅途，如果没有一个好用、管用的制动装置，该停下来的时候就停不下，人生的“自行车”就会跌入山谷。

人在旅途要有制胜优势。“九二，包有鱼，无咎，不利宾。”——把鱼包起来，用来祭祀，是没有过错的，但它不宜用来宴请宾客。这话听起来有些令人费解，说白了，当你手中有资本用来干正事，那是你的优势，但是一旦暴露出来，可能就会受制于人。虽然说人和人是平等的，但毕竟是有阶层的分野，况且还有能力和水平的高低之分。所以，事实上是很难做到平等的。那么靠什么来突破呢？靠什么超越自己的阶层呢？靠自身的优势，而且是独特的优势。十几年前流行上网的时候，我把自己的网名叫作“源自我行”，意思是说无论干什么，都源自我行还是不行，终归是要源于我行。至于“我”究竟行不行，就看自己有没有超越常人的优势，而且这个优势是自己独有的。我以为，无论自己喜欢做什么，只要一直做下去，就会累积成自己这方面的优势。

人在旅途要有践行实力。“九三，臀无肤，其行次且，厉，无大咎。”——屁股磨破了，行动都费劲了，虽然有危险，但不会有大灾大难。行胜于言。说得再好，不去实践，也没有实际意义。“一个行动胜过一打纲领。”关键是要做，在实践中磨砺、磨炼，即使是千山万水，千折百回，也不改初心。回想我自己的成长道路，虽然没有做出什么成就，但有一点常常令人欣慰，就是在一百个人当中，九十九个人都没有走出小山沟的情况下，那个走出来的就是我。我不是自豪，也不是幸运，我觉得它取决于一种践行的实力。我可能不是最聪明的，甚至还有点笨，但我一定要用坚持不懈来证明自己的实力。

人在旅途要有积极的守势。“九四，包无鱼，起凶。”——包里的鱼不见了，奋起争执会引来凶险。山无常势，水不长流，人的优势也不是总保无虞的。当人的优势不在，总要设法保有守势。如果说保持自身的优势，是一种超越思维，那么，保有积极的守势则是一种底线思维。这就是人们常说的走两步，退一步，不能冒进的道理。当大家都没有饭吃的时候，都去争吃一锅粥，就会出现乱象。恰恰在这个时候，你口中嚼着两根救命的稻草。这就是你的守势，你的资本，你的底线。当人仰马翻的时候，总得有人出来收拾残局。

人在旅途要有养晦的眼光。“九五，以杞包瓜，含章，有陨自天。”——用柳条把瓜包藏起来，修养内心的文采，好运就会如陨石般自天而降。韬光养晦，善于守拙，是中国人固有的智慧。当然，这只是在自身的实力不济，尤其是处于守势时的一种智慧。与其说是一种智慧，毋宁说是一种达观。强势太强，弱势太弱，事物的两极都不利于发展。取其中庸，介于二者之间，才是最佳的选择。人在得意之时，难免不考虑退路；人在失意之时，又难免陷入低迷。无论是得意，还是失意，都不能失掉自我，尤其是不能失去自我的清醒，这种清醒表现出来就是一种满满的自信。九层之台，起于寸土。当高台立起来的时候，没有人会想着去夸赞寸土之功，但那寸土之功的确是自己善于养晦的眼光得来的。得来的不易，不易的一定是需要慢慢来的。

人在旅途要有涵养的心胸。“上九，姤其角，吝，无咎。”——相遇在墙角处；心有不甘，但没有过错。人这一辈子争强好胜，最终可能什么也没有得到，什么也没有落下。走来走去，走进了死胡同，有谁能心甘情愿呢？但努力过和心有不甘是两码事，前者是行动，后者是心态，这种心态，因为有过付出，也是能够理解的，终不为人生之憾。再说，哪个人生无憾事，又有谁的自由之身不受制于这个世界呢？如此想来，人生还是浓浓的获得感和满满的正能量。

萃聚时代的大写人格
——读《萃卦第四十五》产生的联想

新时代，是萃聚的时代。萃聚的时代，是精英云集、人才荟萃的时代，是政通人和、繁荣发展的时代。萃聚的时代，是物质丰富汇聚的时代，也是文化丰富多彩的时代。萃聚的时代，是核心人物领军启航、万马奔腾实现中国梦的时代。这就是《萃卦第四十五》昭示给世人的道理。

“萃：亨，王假有庙，利见大人，亨利贞。用大牲吉，利有攸往。”——萃卦象征聚集、亨通顺利，君王到宗庙祭祀，利于出现有权势的人物，祭祀时宜奉献大牲畜，可获吉祥，利于往前进发，一切顺利。中国有句古话叫作：苟日新，日日新。与时俱进，是中华民族文化的基本品格。当中国人从站起来，到富起来，又到强起来，实现了近代以来仁人志士期盼已久、梦寐以求的飞跃。这是当下，所有中国人所处的盛世。这个盛世擘画了一个人才荟萃、大有可为、大有作为的美好愿景，也昭示了潮流之上的大写人格。

大写的人格之一：文化自信。“初六，有孚不终，乃乱乃萃，若号，一握为笑，勿恤，往无咎。”——心有诚信而不能保持始终，将导致心神迷惑，行为紊乱而与人妄聚。如果及早悔悟呼援，就能握手言欢。不必忧虑，往前进发不会有过错。中华民族伟大复兴的中国梦，是当代中国人的共同心声。在实现梦想的征程上，我们有了共同认可、拥戴的领袖。共同的道路，是每个人得以施展作为的巨大空间和广阔舞台。如果我们跟不上潮流，就会掉队，只有自始至终充满文化自信,着眼于历史方位,立足于事业定位,一往无前，就能抵达人生光辉的彼岸。

大写的人格之二：英雄情结。“六二，引吉，无咎，孚乃利用禴。”——被人援引可获吉祥，没有过错。只要诚心诚意，即使是微薄的祭祀也利于献享神灵。历朝历代，有多少可歌可泣的英雄人物，他们驾时代长风，破历史巨浪，留下了不朽的英名。他们文能治国，武则安邦，在社会发展的大势中主宰沉浮。值得宽慰的是，他们能够有用武之地，首先得益于有识才用才的大胸襟和大气魄。千里马常有，伯乐不常有。而新时代创新创造的事业就是伯乐，人们对美好生活的向往就是伯乐。每个人都能在其中找到可发挥才干的领域。只要坚持人间正道，遵循社会发展规律，就能够实现自身的价值。

大写的人格之三：奋斗无憾。“六三，萃如嗟如，无攸利。往无咎，小吝。”——聚集在一起叹息，没有什么益处。往前进发没有过错，但可能会有小小遗憾。叔本华曾站在哲学的阿尔卑斯山上慨叹：同样的世界，在不同人的眼里是如此不同！社会发展中不可能没有问题，而聚集在一起叹息“报国无门”，绝非是奋斗者的日常生态。在物质时代，人们精神一方面是匮乏的，另一方面又是亟需的。如果我们从事的事业，可能没有功利上的利益，可能不会直接在推动生产力发展的过程中变现，我们的事业也许不被许多人理解。但是只要我们不忘初心，不忘出处，坚持走下去，即使人生留下些许遗憾，又有何妨呢？

大写的人格之四：不问西东。“九四，大吉，无咎。”——至为吉祥，没有灾咎。在一个团队中的贡献和获取往往不成正比，比如，责任有大小，工作有分工，自然而然就会在劳动含量、工作分量、成果质量上体现出差异。甚至会出现干多的不如干少的，干少的不如不干的现象。但是社会价值的衡量标准，不是每个人平均的工资和福利待遇，而体现在对事业较长时期的贡献率上，甚至体现在自己内心深处的存在感上，归根到底，体现在让更多的人产生获得感上。如此，表面上吃亏的奉献者、劳动者、工作者，实则不会有所缺失，更谈不上有什么过错。

大写的人格之五：修德守方。“九五，萃有位，无咎，匪孚。元永贞，悔亡。”——聚集的时候高居尊位，没有灾难，但尚未取信于民。宜于永久不渝地修养德行，保持正确的方向，则悔恨消亡。一个人的作为，特别是主政一方、领导一个单位的人，他既掌握着能决定做什么和决定不做什么的权力，也必须附之以能管理一个群体、带领一个团队、服务大家的本领。有时候做了十件好事，大家不一定叫好，因为你在那个位置上。做了一件不好的事，大家一定不会答应。因为你的位置决定了大家一定要求全责备。所以执政者如履薄冰，战战兢兢，为的就是不能失信于人，为的都是取信于民。这就需要一个人持续地修养自己，保持自己的操守，才不会在职业生涯中留下遗憾。

大写的人格之六：试错无咎。“上六，赍咨涕洟，无咎。”——悲伤哀叹，痛哭流涕，没有灾难。人无完人，金无足赤，每个人都有自己的弱点和短板。人的可贵之处在于，要能够清醒地认识到自己的问题，当他做了错事或者本来能够做好却因自己一时的疏忽和大意没有做好，这时候就应该真诚地悔过，即使没有时间和机会去纠错，也要痛定思痛。这样的话，事业上虽有遗憾，人生上则无瑕疵，至少不枉冠以“人才”之名,不负托以“干部”之责。诚如此，果如此，才是生命的完成之境。

人才的提升之道
——深悟和践行《升卦第四十六》

坐在电脑前，你会想起许多事情。但是，人们习惯想起那些令人烦恼的事。这是为什么呢？这是人们对现状的不满足，换言之，这是人们渴望有所提升。而提升的路并不平坦，需要机缘，需要努力，需要深悟和践行提升之道。《升卦第四十六》揭示了如下提升之道：

一、人人有提升的权利。“初六，允升，大吉。”——允许不断长进升起，大为吉祥。植物的一荣一枯，动物的生老病死，都是自然现象。从小到大，从大到老，经历的不断增多，经验的不断积攒，既是自然现象，也是社会现象，是人生而具有的权利。提升自己，发展自己，这样的权利给人以希望、以信心，也是人类社会得以绵延不绝的客观条件。没有谁能阻止谁上升发展，除非命运多舛，非人力所能及，或者自甘沉沦，自取灭亡。

二、提升以诚信为先决条件。“九二，孚乃利用禴，无咎。”——心怀诚信有助于祭祀求福，没有灾难。人的存在并不是单个的个体，人在本质上是社会关系的总和。这就决定了人的存在，必然与他人、与社会发生联系。而提升自己，发展自己的先决条件是心怀诚信。每个人的自由发展，都是他人向上发展的条件，而不是相反。如果出于诚信之外的目的，即便有所上升，也必然在结果上成为自我发展的障碍。这也是人人为我、我为人人的道理所在。

三、提升建立在坚实的基础上。“九三，升虚邑。”——高高地上升，一路顺利，如入无人之境。太阳从东方升起，是因为有广袤的大地为依托。人在起点上冉冉上升，也有其立足之地。人在呱呱坠地的那一刻起，注定了他的时代背景、社会背景、家庭背景，就决定了他可能会走出一条什么样的路。时代造就英雄，什么样的时代，有什么样的人生。没有无由头的发展，没有不经过努力就能获取的成功。提升要视自身的情况，包括客观的处境和主观的情景，人无基础无以存。

四、提升在于奉献与获得的平衡。“六四，王用亨于岐山，吉，无咎。”——君王在岐山祭奉神灵，吉祥，没有灾难。正如与人方便与己方便，一个人的生存与发展都有外在条件。一个人的提升、发展，离不开亲友的扶持、前辈的提携、贵人的帮助。每个人都是群体和团队中的人，能否提升，得益于被发现，被任用。而被任用的条件，在于自己能不能任事，有没有作为。本事有多大，职位有多高，每个人都应有符“名”之“实”，也就是奉献多少，获得多少，在两者的动态平衡之中，人们得以不断的提升。

五、提升的硬道理在于脚踏实地。“六五，贞吉，升阶。”——坚守正道吉祥，顺着阶梯步步上升。正如没有无缘无故的恨，也没有无缘无故的爱，人的提升发展也是有因由的。人有梦想是应该的，而一朝登上天子堂的幻象是不足取的。一步几个台阶，必然不能行稳致远；一步一个脚印，才能善始善终。脚踏实地做事，即使有曲折，有困难，也终究会拨云见日。既有“踏破铁鞋无觅处，得来全不费工夫”的感慨；也有“山重水复疑无路，柳暗花明又一村”的惬意。不驰于妄想，不骛于虚声，有自己的看家本事，有自己的“几把刷子”，终会有出头之日。

六、不刻意的提升才是恒道。“上六，冥升，利于不息之贞。”——不知不觉中地上升，有利于不停息地坚持。不刻意，不苛求，有利于保持健康的心态。心态养成性格，心态决定命运。有什么样的心态，就会产生什么样的效果。那种“风风火火出政绩、丢三落四干工作”的形式主义、官僚主义者，注定了不会仕途通畅。只有“功成不必在我，功成必定有我”的达观心态，才能得到更大的上升空间。

困境中的哲学意蕴
——解读《困卦第四十七》

窗外静谧的时光很容易让人生出倦意，可是我的思绪仍然没有休止。翻看《周易》的《困卦第四十七》："水渗泽底，泽中干涸，是困卦的卦象。君子观此卦象，以处境艰难自励，穷且益坚，舍身捐命，以行其夙志。"读到这样的解文，不免令人精神一振。人处在困境的时候，该以什么样的态度应对，确实是一个大问题。事物的发展总是曲折的，社会的进步也不可能一帆风顺，这在古人看来，都是再正常不过了，其中的哲学意蕴值得深思。

困境卧薪，玉汝于成。正如卦辞所说："初六，臀困于株木，入于幽谷，三岁不觌（dí）。”——臀部被狱吏的刑杖打伤，被投入黑暗的牢房中，多年不见其人。象征着一个人陷入到人生的谷底，在事业的初始阶段拼命搏击。这是人生的一种常态，只不过是有的人困境是显现的，有的人是潜在的。总之，他要想成就一番事业，必先苦其心志，劳其筋骨，饿其体肤，空乏其身，行拂乱其所为。人要正视这种状态，不能因此而丧失信心，从此萎靡不振。

有备无患，无需神佑。“九二，困于酒食，朱绂（fú）方来，利用享祀。征凶，无咎。”——酒醉未醒，穿着红色服装的蛮夷前来进犯，忧患猝临，宜急祭神求佑。至于占问出征，则有危险。其他事无大的灾祸。外在的困难在最初总是表现得很强大，因为人们没有充分的准备，没有充足的经验。如果在困难面前止步，可能也不会有太多的损失，停下来绕着困难走也是一种活法。但是这样做的最大成本，就是没有了可能的机会。迎着困难上，你强，它就弱；你弱，它就强，生活的辩证法就是这么简单。

痴心不改，砥砺前行。“六三，困于石，据于蒺藜。入于其宫，不见其妻，凶。”——被石头绊倒，被蒺藜刺伤，历难归家，妻子又不见了，这是凶险之兆。战争年代，为了信仰，无数先烈抛头颅，洒热血；建设岁月，“革命加拼命，拼命干革命，有命不拼命，活着等于零”的口号，曾经鼓励了几代人。改革时期，面对的困难丝毫不亚于以往任何时期，改革创新进行到今天，不缺物质、不缺技术，也不缺思路和方法，缺少的依然是攻坚克难的信仰和精神，没有任何理由在问题和矛盾面前退缩，没有任何理由不冲锋在前而爱惜羽毛。

隐忍坚守，冲破网罗。“九四，来徐徐，困于金车，吝，有终。”——其人被关押在囚车里，慢慢地走来。真不幸，但最后还是被释放。在困境中，人是需要有一种“人间正道是沧桑”的耐力，需要有一种“风雨过后见彩虹”的达观。在过去“史无前例”的时候，有的人活下来，有的人不甘屈辱自我了断。为了尊严自我了断的人固然可敬，但忍辱负重存活下来的人，他们经历人间的炼狱，把自己的智慧和才情累积下来，用于他们未竟的事业，最终放大人生的价值，同样赢得人们的尊重。

临危不惧，相机权变。“九五，劓刖（yì yuè），困于赤绂，乃徐有说，利用祭祀。”——割了鼻子，断了腿，被身着红色服装的蛮夷虏去。后来慢慢找到脱身的机会，终于逃脱回家。宜急祭神酬谢。发展没有止境，困境没有尽头。事业越大，困难越多；理想愈高，风险就愈高。古今成大事者，既有超拔的信心和勇气，又有超常的智慧和谋略。那些身遭不测而矢志不移的人，最终能够建功立业、名垂千古，都是大智大勇之人，都是非常之人。这样的人才堪称大英雄，是一般的人望尘莫及的。我辈虽不能至，只能心向往之。

世事维艰，韬光养晦。“上六，困于葛藟（gě lěi），于臲卼（niè wù），曰动悔有悔，征吉。”——被葛藟绊倒，被小木桩刺伤，处境如此艰难，不宜有所行动，否则悔上加悔。至于占问出征则吉利。人间事，毕竟是谋事在人，成事在天。主观的能动性固然不可限量，但客观规律是不可违拗的。人定胜天的精神固然可嘉，但革命并不一定是拼命，主动并非盲动。在强大的困境面前，该低头的时候不低头，该退让的时候不退让，就会一头撞在南墙上。一个国家、民族从站起来到富起来，采取的是善于守拙、韬光养晦的谋略；从富起来到强起来，依然需要采取与自身实力相当的战略。一个人也是如此，明知不可为而为之，直至散尽向上发展的成本，无论如何也是得不偿失的。这也应该是人生的明智选择。

古之“井德”给今人的启发
——《井卦第四十八》的解读

水是生命之源，在远离江河湖泊的地方，井是唯一恒定的饮水之源。“井”在古代的重要性可见一斑。但“井”是有了，如何把井水提上来，才能饮用，这就成了一个关键问题。井水在上涌，就在这个时候提水的桶打碎了，就没有办法把水提上来饮用，可见危险之至。这个时候怎么办呢？这就引发了古人对井德的思考。

解读《井卦第四十八》，应该有这样一个视角，既是“井”中人，又是“井”外人。哲学意义上的“人”，或者说是大写的“人”，即人的格局。应该处理好井、水和生活意义上的人或者说是小写的“人”三者的关系，如同高速运转的信息系统，应该处理好硬件、软件和配件三者之间的关系。

不合时宜的人，会像旧井一样被淘汰。“初六，井泥不食，旧井无禽。”——井底泥沙沉积，不能饮用，这口井久未修治，甚至连禽兽也不来饮水。井泥：泥是相对于水而言的，井枯无水见污泥。喻指身困才竭，废而无用。“旧井无禽”，在其位者不谋其政者终将被淘汰出局。要让自己的这口“井”里有水，就得有本事。没有本事就像无水的井，徒有其表象，没有实际的内容。这说的是井德之始，要使自己的生命不枯竭，人生有价值，就要从小、从始蓄满自己的井水，以备无虞，有备无患。

没有本事的人，就像漏瓮一样被厌弃。“九二，井谷射鲋，瓮敝漏。”——在井下的穴隙中射取小鱼，瓶罐破漏。井谷，井中积水的低洼处。射鲋，捉鱼。敝漏，陈旧破漏。有鱼的井，是人们所厌弃的，这个井就像破旧漏水的瓮一样。此井不被养护，也不会养育人，只能养一些小鱼。那些饥渴的人，看不到三尺之外的天地，蝇营狗苟，只知道为了争抢这些小鱼而丧心病狂。这样的人生又有什么意义？

报国无门的人，就像丰盈的井水无人饮用。“九三，井渫（同泄）不食，为我心恻。可用汲，王明并受其福。”——水井已淘洗洁净却没有人汲用，这使我心里为之忧患。这是可以汲取饮用的水，如果君王贤明，君臣万民必同享井水的福泽。经过努力，跟上了时代，长了本事，应该说自己的这口“井”终于整修一新，只待人饮用了。没人饮，就是没人用，就是“报国无门”，这也是人生最大的忧虑所在。徒有本事，有劲使不上，那就“良禽择木而栖，良将则主而事”吧。

不断修养井德，才不会有枯竭的危险。“六四，井甃，无咎。”——水井正在加固修治，没有灾难。自己的“井”打好了，也为人所饮用了，尚需时时维护，自我更新，否则不久就会用进废退。如何修养井德，是接下来要讲的，这里强调的是修养的重要性，硬件、软件、配件的有机融合，井、水、人的内在统一，是需要时时警醒的大事。

保持自我修养，是井德的不二法门。“九五，井洌，寒泉食。”——井水清凉且有如寒泉，很好喝。水质的问题，看起来是一个客观问题，地理条件难以改变，但也不乏后天的努力。精心维护，至少可以保持它的卫生条件。自我净化，是修养井德的基本途径。同样是井水，自我修复是根本；同样是做人，自我修养最重要。那就得有“吾日三省吾身”的境界。保持自己的“水质”，人们才能乐饮，“业主”才会善用。由此观之，靠外力的吹捧、抬举，恐怕终归是无效的。只有靠自己的努力，才能长久。

心怀诚信的人，方能行稳致远。“上六，井收勿幕，有孚元吉。”——汲取井水的功事已成，不必覆上盖子。心怀诚信，至为吉祥。当人像一口“好井”一样，人们离不开的时候，也就达到了做人的至高境界。越是在这个时候，越要有格局。望众而不以德高自居，厚学而不以资深自诩。心怀诚信，行稳致远。做君王而平天下，做人臣而无忧，做一个踏踏实实的平凡人，这辈子也就没有什么憾事了。

革故鼎新的方法和步骤
——解读《革卦第四十九》的变革思想

将兽皮去毛加工的过程，叫“制革”。“革”的制成改变了兽皮的性质，这就叫“变革”。《革卦第四十九》从这个意义上，引申出革故鼎新的哲学意义，并就其方法和步骤作出了超越时代的划定，对今天我们深化改革仍有着十分重要的借鉴意义。

一、打基础。“初九，巩用黄牛之革。”——像用黄牛皮捆缚一样的牢固。基础不牢，地动山摇。静态的组织和事物如此，动态的变革亦然。改革，是事物发展到一定程度，由量变到质变的飞跃。当事物的量变还没有达到应有的程度，便不具备改革的条件。这个必备的条件，就是改革的基础。当人们还没有意识到旧事物的积弊，就必须先进行思想上的发动，使改革具备思想基础。没有广泛而深厚思想基础的改革，其难度可想而之，比如王安石变法，就是因为没有广泛的思想基础，才致使一场关系民生福祉的改革变成了一场上层的政治斗争，保守势力最终占据上风而使变革满盘皆输。

二、抓时机。“六二，已日乃革之，征吉，无咎。”——已日果断推行改革，进展顺利，必无灾祸。变革的基础不是无限期积累的，变革过早和变革迟滞，都会给改革增加难度系数。只有因时而动、顺势而为的改革，才能抓住先机，以点带面，使改革措施得以顺利推进。所谓天时、地利、人和，说的就是时机。但是不可能等到四平八稳的时候，再行改革。“条件完全具备之际，往往是最佳时机消失之时”，这是改革者从实践中得出的箴言。但是，如何界定改革的时机，又如何才能抓住改革的时机呢？“我们往往以为机遇难寻，总是背着沉重的行囊到处寻找。我们也误以为机遇需要别人赐予，因而常常低着头向人乞求。其实，只要我们自身努力，也能创造寻找到机遇。”改革的机会，同个人的机遇是同样一个道理，不过改革的机会更复杂一些而已。

三、持慎重。“九三，征凶，贞厉。革言三就，有孚。”——行动过激必生凶险，顽固保守也危险。变革必须慎重，须再三讨论达成一致再施行，要有诚心。商鞅在变法前，搞了一个“徙木立信”。他就是吸取了他人因改革过激而失败，因保守势力强大而改革夭折的教训，在未改之前先立信于民，让民众知道，我行的改革之举，都是出于诚心，先要赢得大众的信任。古代统治者向有“民可使由之，不可使知之”的偏见，商鞅此举不过是一种权谋之计。今人的改革，牵一发而动全身，改革是向利益既得者开刀，越是到后期，越是不可能做到所有的改革都人人满意。这就不得不慎之又慎。正如古人所云：“慎重则必成，轻发则多败。”

四、循规律。“九四，悔亡，有孚改命，吉。”——悔恨消亡，取得民众信赖而革除不合天命的旧制度，可获吉祥。古代的“天命”，即今天的规律。合于天命，是积极的；听天由命，是消极的。无论是积极的天命观，还是消极的天命观，都是对待规律的态度。在古代，改革者当然要持有积极的天命观，今天的改革，各个层面的改革，都要遵循规律，规律是一种客观存在，你发现不了它，并不等于它不起作用。明智的改革者，不是漠视规律，而是善于发现和运用规律。而且规律的外在表现是规章、规则。管子早就说过：“法度行则国治，私意行则国乱。”商鞅更是强调：“法令者，民之命也，为治之本也。”在依法治国的今天，任何改革之举，都应在法治的框架下行事。全民如此，特别是执政者亟需强化法治观念和法治思维，使任何的改革创新之举，都受到法治的监督，决不能乱来、胡来。

五、依强势。“九五，大人虎变，未占有孚。”——大人物像老虎一样推行变革，不必占卜就知能取得民众的充分信任。改革的许多举措，都源于基层实践，人民群众是改革的主体。但推行任何一项改革，非得依靠改革者的强势不可。旧的事物虽然积弊甚深，但从来都不会自动退出历史舞台。大人物的改革气魄、改革勇气源于对时势的深刻把握，他深知民瘼。我们说地位有多高，使命和责任就有多大，是说他的使命和责任有广泛的代表性。他今天的位置和格局，不是凭空产生的，一定是有着广博的阅历经验、深厚的群众基础和超常的远见卓识。改革是人民的事业，更是众多改革者的事业。如果说人民群众是改革的主体，那是在落实的层面上，那么改革者就是改革的主导，那是在决定行止的层面上。

六、抵人心。“上六，君子豹变，小人革面，征凶，居贞吉。”——君子像豹子一样协助变革，小人改变其旧面目，贸然前进有凶险，正确的改革才会吉祥。如果说“虎变”说的是决策层面大人物的作用，那么“豹变”就是执行层面改革者的作用。任何改革都不会是一个人的事业，都是一个时代有志者群策群力的事业。只有当改革成为全社会的共识，改革才能够整体推进。就连那些不支持改革，甚至破坏改革的人都不得不收起本来的面目，自觉不自觉地成为改革的拥趸。只有到这个时候，改革才会是人心所向，成为不可逆转的时代潮流。

气象更新的大国格局
——《鼎卦第五十》的时代解读

鼎，既是一种器具，又是一种象征。鼎是煮食物的器具，一切生硬的食物，经过鼎煮熟，都会变软，即可食用。用鼎烹煮祭品来祭祀，就具有了象征意义。司母戊方鼎，是现存商代最重的青铜器，高达133厘米，足见当年气势之盛。革，是去旧；鼎，是更新。革卦讲的是如何去旧，接着的鼎卦研究的就是更新。欣逢新时代，如何建设气象更新的格局，从中我们可以得出深刻的启发。

活力——气象更新的标志。“初六，鼎颠趾。利出否。得妾以其子，无咎。”——鼎翻倒而足向上，有利于倒出残渣污物。就像娶妾生子被扶为正室，没有灾祸。这段卦辞，取前段之意，说的就是活力的象征之意。事物动起来，才会有活力，有活力才能进一步发展。一个国家，从政治、经济、文化到社会、环境各个层面，都充满生机和活力，民族才有希望。中国梦，是中华民族和中国人民的最大梦想、最大愿景。中国梦不是一蹴而就的，是一个不断实现的伟大过程。“户枢不蠹，流水不腐”，改革不断打破利益固化的藩篱，阶层流动、资源流动、人才流动，才能让人们看到希望，看到梦想就在前方。

实力——气象更新的依托。“九二，鼎有实，我仇有疾，不我能即，吉。”——鼎中装满了食物，我妻子有病，不能接近我，仍然可获吉祥。老百姓有句俗话：手里有粮，心中不慌。改革开放四十多年来，我们国家已经实现了从富起来走向强起来的巨大飞跃。综合国力显著增强，国际影响力显著提升，人民群众的幸福指数显著提高，我们正大踏步地行进在全面建成小康社会，进而实现中华民族伟大复兴的征程上。这是新时代的新气象，得来实属不易，需要我们倍加珍惜。

忧患——气象更新的警示。“九三，鼎耳革，其行塞，雉膏不食，方雨，亏悔，终吉。”——鼎耳脱落，移举受到阻塞，致使美味的野鸡肉都不能煮食。一旦霖雨降下，悔恨消散，最终将会吉利。忧患意识，是中华民族最深沉的文化基因。居安思危，乐而思忧。生于忧患，死于安乐。忧患贯穿一个人生命的始终，也贯穿一个国家和民族振兴发展的整个过程。即使到本世纪中叶建成社会主义现代化强国，中华民族也不能失掉忧患意识。

奋斗——气象更新的源泉。“九四，鼎折足，覆公悚，其形渥，凶。”——鼎足折断，倾倒了王公鼎中的食物，弄得满地狼藉，有凶险。美好的愿景都是靠奋斗争取来的。气象更新的局面，是靠着长期艰苦卓绝的奋斗得来的。新气象的巩固和延展，同样需要战胜一个又一个艰难险阻。改革进入深水区和关键期，剩下的都是难啃的“硬骨头”。在前进的路上，我们还有许多雪山、草地需要跨越，还有许多娄山关、腊子口需要征服。

固本——气象更新的原点。“六五，鼎黄耳金铉，利贞。”——鼎器配有黄铜鼎耳、坚韧的铉环，是顺利正确的。一个国家的发展不可能是一帆风顺的。比如，“中等收入陷阱”，说的是许多国家都是在发展的中兴阶段，因受内外因素的挤压而停止发展的脚步，始终徘徊在欠发达，甚至是内乱频仍的边缘。气象更新需要固本，固本是底线，是避免系统性、颠覆性风险的最后一道屏障。固本强基，需要有面对困难不回避、不退缩的勇气，好的只能更好，不足和短板需要不断加以弥补和补齐，打牢共同团结奋斗的思想基础和物质基础，尤其是人的精神和道德不能因为财富的增加而滑坡。

幸福——气象更新的归宿。“上九，鼎玉铉，大吉，无不利。”——鼎配有镶玉的铉环，大吉大利，无所不利。“人民群众对美好生活的向往，就是我们的奋斗目标”。一个安定祥和、人心聚合的社会，一定是一个获得感、安全感、幸福感满满的社会。前人栽树，后人乘凉。中华民族从站起来，到富起来，正在走向强起来。打江山的时候，无数仁人志士倒在血泊之中，换来的是和平的曙光，是人民的安康。建设和改革峥嵘岁月，同样凝结着一代又一代中华儿女的血汗。为中华民族千秋万代的事业着想，为子孙后代幸福美满的生活着想，我们这一代人就算是做出多大的牺牲，也是值得的。

人的精神究竟有多重要
——《震卦第五十一》所想到的

一位朋友略带伤感地问我：现在的一些人为什么那么坏，做起坏事来都是高智商，过去也有坏人，但那种坏即便不写在脸上，也能一眼洞穿，现在一些人的坏很难识破。我负责任地回答道：这也从一个侧面验证了我的一个观点，那就是当前处于一个文化盛行、精神缺失的人文境遇。他似有不解，我便讲述了最近几天解读震卦卦辞的一些想法，我们一起来探究人的精神有多重要。

解读震卦卦辞，我想到了几个词。“人不知而不愠”，这是《论语》开篇的一句话：别人不了解我，并不在心里怨恨。“以德报怨”，这也是《论语》里的一句话：不记别人的仇，反而给他好处。“泰山崩于前而色不变”：语出唐宋八大家之一苏洵的《心术》一文，意思是说：面对灾难、困境，不要害怕、惧怕，体现的是一种意志、信心和坚持。这几句古人的话，说的都是一种修养，而这种修养恰恰与震德有关。

震为雷，雷为动。引申为大自然的地震、社会中的震荡。如何面对眼前的地震和震荡，就是震卦要说的道理。

精神使恐惧面前不改色。“初九，震来虩虩，后笑言哑哑，吉。”——雷电来袭万物恐惧，然后戒惧慎行遂能谈笑自若，吉祥。也就是说，对地震、震荡的恐惧与生俱来，万物皆有，但不同的是，人能很快把这种惧怕心理转化消化掉。是涵泳于心，而不是消融无形。在行动上戒惧谨慎，谈笑自如，不失君子风度。这是什么力量所能达到的？是精神的力量，人无精神半点骨气都没有，何谈顶天立地，何谈担当作为？

精神能使失去的再回来。“六二，震来厉，亿丧贝，跻于九陵，勿逐，七日得。”——雷声来得很猛烈，丢失了很多钱，登到高地上去躲避；不用去寻找，丢失的钱，7 天之内就能够失而复得。地震、震荡来袭，必然遭受损失，比如财富累积，可能在顷刻之间毁于一旦。比如名利可能会双失，如果能把这些东西都作为身外之物，于困境之中能够登高望远，做好长期艰苦奋斗的准备，失去的东西就会渐渐还复。是什么力量支撑着失而复得？是精神的力量，人无精神丝毫斗志都没有，何谈创新实干，何谈奋斗自强？

精神能驱使人远避灾祸。“六三，震苏苏，震行无眚。”——震动之时恐惧不安，因震动而谨慎前行将不遭祸患。当剧变发生在自己身上，谁也不能抱持无所谓的态度。即使在巨变潜伏的时候，也应该有一种忧惧心理。处在高风险的职业和事业之途，战战兢兢，如履薄冰，向外看清世道，向内改善不足，弥补短板，在夹缝中求生存，以力保无虞，可以远离祸端。这是一种隐忍的精神力量，是大丈夫能屈能伸精神的折射，反映在现实中就是一种科学精神。

精神能使人有所戒善始终。“九四，震遂泥。”——泥被雷声震动下来了。巨变发生在自己身上不可能是一个局外之人。当震荡突然而至，就得明晰其主客观原因，客观上懂得如何规避，主观上必须有所戒除。史上不乏明哲保身的人，明哲保身的积极意义在于，面对周遭不利的环境，首先保住自己的生命，只要生命在，就有补偿和再度匡扶正义的机会。这同样是一种科学精神的体现。老黄牛精神是可贵的，也是应该提倡的，但是当天空中飞来一块石头还不知道躲避，那就是一种蛮干，是不应该提倡的。

精神能使人怀敬畏守规矩。“六五，震往来，厉，忆无丧，有事。”——震动之时上下来往行动有危险。万无一失，长保祭祀盛世。头顶三尺有神明，传统观念向来认为天灾人祸是对神灵不敬行为的惩戒。正面理解，无论做什么，都应该心存敬畏，这个敬畏的底线就是法律，是道德，是规矩。只要按照规矩办事，就会少有纰漏，以防患于未然。心存敬畏，不是谨小慎微，不敢迈步，而是恪守规矩，小心前行。任何精神都是源于内心的一种力量，但这种力量是极为有限的，“人定胜天”是不可能的。人既应该时时抖擞精神，又应该处处慎用精神，使自己的精神始终是顺应规律在“当差”，大可不必做那些偏离规律之事，但精神无论如何是不可以失掉的。

精神能使分歧消弭无形。“上六，震索索，视矍矍，征凶。震不于其躬，于其邻，无咎。婚媾有言。”——雷鸣使人颤抖，惊惧四顾，探索有凶险；震雷不伤及自己，伤及这些邻居，无所怪罪；婚姻交好之事有争执。灾难没落到自己身上，而是落在了别人身上，是事不关己、漠不关心，还是感同身受、施以援手，是幸灾乐祸，还是深表同情，这显然是一种道德关怀的问题。正如有人去世了，亲戚或余悲，他人亦已歌。邻居在急三火四地救火，你家里敲锣打鼓娶媳妇，这当然是中国传统精神不可取的，争执必起无疑。

人类需要悲悯情怀，需要博爱精神，这种精神可以把小小的分歧化于无形。足见和谐不是无原则的,不是人各乐其乐，各美其美,而是美人之美,美美与共的。这就是精神的力量。

说得简单一点，人无论做什么，只要乐在其中，就会滋生出无穷的力量。

动静相宜的心境
——《艮卦第五十二》揭示的人生哲理

动极生静，运动达到极限，就会静止。震极艮止，变化达到极限，就会停止。艮就是停止的意思。人生经历了风雨坎坷，到了一定年龄后，心态不再漂浮、摇摆不定，这个时候需要反思自己，如何使自己平和下来，在平和的心境中修炼自己。古人云，天下事当行则行，当止则止。进而不知止，绝非明智之举。“行其庭，不见其人”，说的就是一种忘我的境界。人达到了这种境界，还会有什么灾祸发生呢？而要达到这种境界，就需要修养艮德。

宜学会服从。“初六，艮其趾，无咎，利永贞。”——

抑止其脚趾的行动，没有过错，利于永久坚守正道。脚趾的行动，听命于大脑，听命于中枢神经系统。俗话说，屁股决定脑袋。人在什么位置说什么话，做什么事，换言之，思考和行动不能超越自己的地位。所以要学会服从，一是服从自己，二是服从外界，当“自己”和外界发生冲突的时候，保持自己的一颗“小心眼”。不能行动时，活动活动小心眼，还是不错的选择。

忌盲目顺从。“六二，艮其腓，不拯其随，其心不快。”——抑止其小腿的行动，无法举止向上承应跟随活动，而被跟随者心里是不愉快的。有的时候，心里想服从，却迈不开步子。迈不开步子，当然是自己的主观，但有时也有客观上的障碍。看准的，步子迈也就迈了，看不准的，迈不开步子也不见得是坏事，这就给盲目服从设置了一道屏障。人无论在什么位置上，服从上级都是天职，但是有时领导错了，也就跟着错了，过去常听人讲，领导错，也有他错的道理。这话初听起来似无不可，细听起来倒不尽然。错误的行为，当然也有思想上指导。如果无原则地听命于人，就容易跟着犯错。哪怕人家不高兴，也不要盲目顺从。

应懂得遵从。“九三，艮其限，列其夤，厉熏心。”——抑止其腰部的行动，脊肉撕裂，危险就像烈火烧心一样。人体上下的界限，在腰部。如果长时间不活动腰身，就会患有程度不同的腰脱。身体上的腰脱是痛苦的，行动上的“腰脱”尤痛。如果过于刚硬僵直，使腰不能屈伸，痛苦万分。如果自己总是“一根筋”，不合群，与上下左右都搞不好关系，当然就很危险。如果说腰脱是器质性的，那么抑郁则是心理的、精神的，那危害将是致命的。所以人该遵从的时候，一定要遵从，善于变通，善于沟通，与人和谐相处。

厚重有信从。“六四，艮其身，无咎。”——抑止其身体的行动，没有灾祸。腰以上的身体部分很少妄动，而且与腰腿和谐相处。一般小脑发达的人灵活性很强，一般大脑发达的人协调性较差，但是高明的人都是小脑和大脑都发达的人，这样的人往往适合当以上率下的领导式人物。“躬自厚而薄责于人”，所以就“无咎”，所以信从他的人就多。领导做到了，真理的力量、人格力量齐备，不怒自威。轻易不讲话，一说话就像一槌定音。这样的人，可贵之处就在于他要求别人做到的，首先自己就能做到。所以才令人信服，拥有拥趸和信从。

谨言无祸从。“六五，艮其辅，言有序，悔亡。”——抑止其口，言谈中肯而条理分明，悔恨消失。祸从口出。实际上天下事，许多祸端都出自于口。人管天、管地，就是难以管住口；口管吃，管辅助呼吸，就是管不住言，人一天不说话可以，天天不说话就得憋死。台湾一位女学者研究，一般情况下男人每天七千言，女人每天两万言。试想，女人每天说两万言，多少是非从口出。所以人少说话，特别是不说招惹是非的话，就不会有乱七八糟的事如影随形。

知足多乐从。“上九，敦艮，吉。”——敦厚而知足知止，吉利。“人心不足蛇吞象。”最大的沟壑，是人的欲壑。欲壑难填，人的追求永无止境。所谓的知足常乐，也只是相对而言的。世上哪有弥勒佛一样的人物，如果有，也是不食人间烟火的泥塑。但是在动静相宜的人生哲学里，知足确实是一种人生选择的最高境界。一个知足的人，朋友就会多，而且这些都不是狐朋狗友，多是一些情趣相投的人，跟随他，乐从他，也就在知足中实现了人生的价值。

理想的羽翼是这样丰满的——解读《渐卦第五十三》寄语我的年轻人

解读周易卦辞，是一件很开心的事，随着自己的心情解读古人的思想，于自己善莫大焉。但是，解读到《渐卦》，就感觉到有些无从落笔。难道它说的，仅仅是循序渐进，向着正确的方向，不急不躁地前行这样一个道理吗？偶然翻到一篇解读文章，将“小子”翻译成小伙子，一下子使我顿悟：所谓渐卦，不仅说的是量变与质变的抽象的哲学道理，更是一个年轻人成长过程中的镜鉴，不妨联系到自己过去成长的道路，联系到与年轻人一同成长的历程，感到渐卦确实应该成为今日青年成长的一把尺子，无论如何活跃，都不应该偏离这个方向才好。

渐卦卦辞始终都在围绕“鸿”展开，鸿，即大雁，是一种水鸟，从低处向高空飞翔，这里不正是比喻一个人从小怀揣理想一点一点地实现自己的抱负吗？年轻人背负理想向高处飞，正是渐卦所喻明的一个道理。

一个在河边玩耍的孩子，他在盖屋搭桥，这是他的理想，不管大人们如何讥笑，如何阻止，也不会妨碍他。“初六，鸿渐于干。小子厉，有言，无咎。”——大雁前进到溪水，小孩在河边玩耍有危险，大人们加以讥笑阻止，无害。

小男孩从懵懂中成长起来，从小学到中学再到大学，通过自己的刻苦努力，以坚实的脚步逐步实现自己的理想，很顺畅。“六二，鸿渐于磐，饮食衎衎，吉。”——大雁渐进到水边石上，饮水吃鱼而欢乐，吉。

年轻人通过自己的奋斗，有了自己的立足之地，然而树欲静而风不止，来自四面八方的困境会阻碍他，而他擎起奋战的旗帜，抱定理想而坚定不移。“九三，鸿渐于陆。夫征不复，妇孕不育，凶。利御寇。”——大雁前进到陆地。丈夫出征不回来，妇人有孕流产，凶。抵御敌人有利。

年轻人排除各种各样的干扰，终于脱颖而出，理想之树开出花朵，哪怕落在废墟上也不改其志，更何况是落在了前人的肩膀上，他就可以接续奋斗了，这时候已经羽翼丰满了，没有什么可以阻挡。“六四，鸿渐于木，或得其桷，无咎。”——大雁前进到树上，有的停在椽木上，无害。

年轻人向无人之径行进，进入山岭，道路虽然崎岖不平，也遇到这样那样的艰难险阻，到底没有什么能够束缚住他的手脚。他幼时盖屋搭桥的理想就要变成现实了。“九五，鸿渐于陵，妇三岁不孕，终莫之胜，吉。”——大雁前进到山岭。妇三年不孕，到底没有人欺悔她，吉。

年轻人像大雁一样飞上大山，到了事业的巅峰状态，他的一招一式都是一篇篇佳作，世间万物都是他舞动人生的道具，还有什么比这样的境界更精彩的呢！如今他正在盖屋搭桥的实践中大展宏图，一片伟业正在开拓之中。“上九，鸿渐于陆，其羽可用为仪，吉。”——大雁飞上大山，它的羽毛可作为文舞的道具。吉。

河边、岩石、土地、树木、山岭、大山，这一组事物构成了一个年轻人成长进步、实现理想抱负的逻辑链条。

人生不过如此，请问你正处在什么阶段呢？

小伙子应该娶什么样的媳妇
——《归妹卦第五十四》的另类解读

《归妹卦》，讲的是夫妇之道。商朝有个叫帝乙的君王，为了弥合商周两家濒临破裂的政治关系，将自己的妹妹嫁给了后来的周文王姬昌，这就是“帝乙归妹”的故事。这个故事并不重要，重要的是如果娶了一个女子，这个女子不修女德,就会成为鬼魅,也就是“归妹”的谐音。事实上，许多家长都在为孩子的婚姻牵肠挂肚，有的是不想过早地寻找另一半,有的也的确不知道找个什么样的。在我们身边，视婚姻为儿戏,或者婚姻失败的事例比比皆是。无论是娶妻，还是嫁夫，都是影响一生的大事，切不可马虎大意。其实，古人很早就讲过这个道理，《归妹卦》说的就是这个事。远古时期的妹妹陪嫁作妾、三妻四妾那一套，我们自然不屑一顾，但夫妻间相敬如宾、白头到老的传统还是应该继承传扬的。我们不必拘泥于古语的字面意思，不妨作一个另类的解读。那么，究竟小伙子应该娶一个什么样的媳妇呢？大体上说应该是具备以下六种性格的人：

乐于相助的人。“初九，归妹以娣。跛能履，征吉。”原意是娶个少女作侧室，就像跛脚的人努力行走，可获吉祥。可以解读为：一个人本来不能行走，娶了个好媳妇就能在她的帮扶下行走了。两个人在一起，不是你总帮助她，她不帮助你，互帮才能互爱，互助才能长久。生活中不可能一帆风顺，稍有困难，遇到挫折，不肯援手相助，一般的朋友都做不得，怎么能做夫妻呢？

眼里容错的人。“九二，眇能视，利幽人之贞。”原意是眼睛有点盲也能够看清东西，利于坚守妇道。可以解读为：凡事不能够较真儿，水至清则无鱼，许多时候睁一只眼闭一只眼，才能搞好团结。做人难得糊涂，做夫妻也不能事事较真儿。大事认真，小事糊涂，尤其是不能抓住一件小事喋喋不休，甚至恶语埋怨，做人谁没有错呢？尤其是夫妻之间，当然应该知错必改，但往往是放过小错，才会和谐，夫妻如一人，包容对方，就等于原谅自己。

居家守正的人。“六三，归妹以须，反归以娣。”原意是出嫁之后尚需等待扶为正室，不如反归嫁为侧室。可以解读为：夫妻在一起过日子，不能心有旁骛，摆正各自的位置，尽到各自的责任和义务。过日子，不是混日子。混日子，可以没有目标，也可以无规无矩，好合好散，玩玩而已。过日子，就得有过日子的样子。主妇要有主妇的主见，达成共识，共同遵守，共克时艰。原则的问题把关定向，彼此提醒，小日子才能红火，心往一处想，事往一处做，家和万事兴，无论是夫，还是妻，都不能偏离共同的目标。

忠情负责的人。“九四，归妹愆期，迟归有时。”原意是出嫁少女延误了婚期，推迟出嫁以待时机仍有希望。可以解读为：男女交往要有一个过程，一个彼此磨合和考验的过程。能不能成为夫妻，是需要考验的，首先是时间的考验，长时间不在一起，还能彼此想念，才能证明用情之专、负责之笃。也就排除了仅仅因异性相吸而走到一起的可能，也就排除了因看不清性格分歧、志趣相异而匆忙结合的可能。经得起时间的检验，就能经得起身边诱惑的考验。

重德戒奢的人。“六五，帝乙归妹，其君之袂不如其娣之袂良。月几望，吉。”原意是帝乙嫁女，正室的服饰不如其妾的服饰好，月亮几乎是满月了，吉利。可以解读为：忌骄戒奢是女子的美德。生活品质和生活奢侈，并不是一个概念。有感情的生活，有品位的感情，粗茶淡饭也过得幸福怡然。如果过于注重外在的修饰，忽视内在的修养，华而不实，受苦遭罪的还是夫妻共体。夫妻之间保持一定的距离，有助于维系彼此的吸引力，但如果助长了虚荣心，也就放纵了离心力，做到白头到老很难。

勤于持家的人。“上六，女承筐，实；士刲羊，无血，无攸利。”原意是女子托着筐子，没有果实；男士宰羊，没有血腥，办事不能顺利。可以解读为：说一千道一万，媳妇得是一个过日子的人,不能坐吃山空。“家”的字面意思，是有屋子，屋子里养一头猪，就是过日子的意思。如果一方赚钱养家，一方挥霍无度，赚再多的钱也不能养家糊口。如果勤俭持家，家境殷实，才能富足，才会有闲情逸致，才能有浪漫情调，才能家道中兴，源远流长，惠及父母和子孙后代。

男女平等，如果反过来问，女孩子应该嫁一个什么样的丈夫呢？是一样的道理。

盛时守势：好时光不能悄悄溜掉
——解读《丰卦第五十五》

事物发展都是曲折的。一个国家和地区由盛至衰，由衰到盛，这就是历史。历史是有周期的，尽管历史不能重新来过，但盛衰转换这个道理是绕不过去的。我们的人生也是这样，前路漫漫，有平坦大路，也有羊肠小道，有顺境，也有困境，当人生处于顺境的时候，就是盛时。盛时守势，不能让好时光悄悄溜掉，就是《丰卦第五十五》讲的道理。

从卦辞上理解，盛时大体上分六个阶段，每个阶段都应该有一定的守法。

第一，盛极一时，也就是事业处于巅峰状态。“初九，遇其配主，虽旬无咎，往有尚。”——旅途之中受到一位女主人的接待，与这位寡居的女人结成夫妻。占卜结果显示：不会遭人议论，而且能得到人们的赞同。这个时候就应该抓住时机，明断是非，大展身手。良将择主而事，遇到好的上级，正是自己大有作为的好时机，好时机不会长久，哪怕只有十天半个月那么短暂，也不能虚以度之，应该抓住时机去作为。

第二，盛时可数，也就是事业上了一个台阶。“六二，丰其蔀，日中见斗。往得疑疾，有孚发若，吉。”——将小席拼缀起来，躺下休息。正午时分，有人说看见北斗星。看来旅伴之中有人精神错乱。对他加以刺激，或许可以使他清醒。这个时候，如同正午的阳光照在人的身上，暖洋洋的，是一个缓冲的阶段，可以有短暂的调整。但如果这个时候躺下来睡大觉，就容易睡过了头。一晌贪睡，睁眼看世界，北斗星在空，已经是深夜时分了。

第三，盛时不定，也就是事业虽然上了一个台阶，但弄不好还有滑下去的可能。“九三，丰其沛，日中见沬。折其右肱，无咎。”——将铺草加厚，躺下休息。正午时分，此人又说看见鬼魅。将他的右臂折断。经此一吓，或许他能清静。如果在正午不是坐下来小憩，而是躺在床上睡大觉，那就是危险的，就等于鬼魅缠身，断胳膊断腿，断送了前程。

这说的是盛时不定之时，还要有如履薄冰之感，唯有兢兢业业，并无安逸可寻。

第四，盛已妥定，相比较而言自己的事业台阶已经站稳。“九四，丰其蔀，日中见斗，遇其夷主，吉。”——将小席拼缀起来，躺下休息。正午时分，此人还在说看见北斗星，看来还未恢复正常。幸好遇着了他的老店主，把他托付给老店主，这一下可清静平安了。这个时候，尽管还有风险，但不足以撼动现有的地位，正常的作息就可以进行了，因为有事业的主心骨在，吉祥顺遂相伴而生，这个时候是按部就班创业的大好时机。

第五，盛有佳时，也就是在事业上小有成就，受到了鼓励和嘉奖。“六五，来章，有庆誉，吉。”——赚得美玉，大家都庆贺夸奖他。这是吉祥之兆。工作突出，人人夸奖，就像台上抱得美玉归，这是正当的结果，没有什么不可以接受的。但这个时候还要记住，只能是接受，而不是享受。

第六，盛已多时，也就是长期在事业的顺风顺水状态。“上六，丰其屋，蔀其家，窥其户，阒其无人，三岁不觌，凶。”——屋子空荡荡的，屋顶上散乱盖着草席，从门缝里探视，寂无一人。看样子这里多年未住人了。这是不祥之兆。这个时候，大有高处不胜寒之感，应该考虑如何全身而退的问题了，因为神龟虽寿，犹有竟时，人不可能总是处在顺境之中，人生总有谢幕的时候。有的人华丽转身了，有的人在突然的变化中无所适从，甚至身遭变故而留下缺憾。

人在旅途
——解读《旅卦第五十六》

社会学有一个基本概念叫社会化，说的是人从一出生开始就在不断地适应社会，学会生存的本领和技能，这个过程就是人的社会化过程。用我们中国话来说，就是人在旅途的过程，早在《周易》的旅卦中，就阐明了这个道理，今天玩味起来，还是蛮有道理的。

一、人生的起点，未见得都顺风顺水。“初六，旅琐琐，斯其所取灾。”——旅途之初事务烦琐导致猥琐卑贱，这是旅行者自己招来的灾祸。人的出生，好像本身就是一件很麻烦的事，西方宗教讲人从生下来就得赎罪，戴罪之身，要想赎罪就得受苦受难。因为人生下来不能行走，必须依赖父母的养育。如果生在富贵之家，锦衣玉食；如果出生在底层，想翻身着实很难。所以说，人穷志短，走不出大山。只有立志高远，才能沿着崎岖的羊肠小道攀升，走过一道又一道山梁，走进大城市，得以施展抱负。

二、人生初相见，同类中人把手儿牵。“六二，旅即次，怀其资，得童仆，贞。”——旅行者在旅馆住下了，用怀中的钱，得到了童仆，坚持下去，这是正确的。人在成年之后，常常回忆起幼时的往事，除了父母的疼爱，还有小伙伴们在一起玩耍的场景，你会发现，渐渐地在初级群体中，你可能会成为领袖，那是才华的端倪，正所谓一岁看小，三岁看老。人在旅途，有充足的能量，有人照应，才能一帆风顺，没有资本，到处碰壁，就不能一帆风顺，而能量不是靠周济得来的，照应也不是平白无故的。人就是这样的矛盾，只有主观战胜了客观，才能脱颖而出。

三、人生求上进，伴随的是一道道坎。“九三，旅焚其次，丧其童仆，贞厉。”——旅行者烧了他的住处，丧失了他的童仆，坚持下去很困难，但坚持下去了就会有成果。人在旅途，中间会经历许许多多坎坷、挫折，甚至失败；日常生活中总有不如意缠绕着，有迷茫，有困惑，人永远也摆脱不了心理的负荷。这个时候失去了依靠，就会出现一种“二代逆反”的现象，一个家庭出身好的人，由于习惯了养尊处优的生活，饭来张口，衣来伸手，他用不着努力，就能满足生活上的一切，而一旦家庭失势，就会茫然失措，甚至就此沉沦下去。相反，出身贫困家庭的孩子，从小就知道奋斗，靠知识改变命运，他就会超越他的同龄人。正如俗话说的，“穷人的孩子早当家”。

四、人生干事业，关键是有适合位置。“九四，旅于处，得其资斧，我心不快。”——旅行者中途居于荒野，得到锋利的斧子，心中仍然不愉快。人在旅途，事业上精进，小有本事，得知进守退，使进取心和平常心保持平衡。有四种人，一种人是平常心、平常想，第二种人是非常心、非常想，第三种人是平常心、非常想，第四种人是非常心、平常心。比较一下，这四种人都有可取之处，关键是在什么时候做什么样的人。只要自己的心能承载下自己的想法，就可以往下做，如果承载不了，不如适可而止，做一个平常之人也未尝不可。

五、人生往来复，大可不必事事较真。“六五，射雉，一矢亡，终以誉命。”——旅途中射野鸡，一只箭丢了，最后仍然得到荣誉和爵命。人在旅途，高处不胜寒，每一天战战兢兢，如履薄冰，但总也避免不了出错。人无完人，总有自己的短板，智者千虑，必有一失，何必追求尽善尽美。

在跟老板一起打猎的时候,丢失一只箭,没有什么大不了的,不把手里的弓丢了就行，因为弓毕竟是自己的饭碗，丢了弓就等于丢了饭碗，至于丢掉一支箭，形如丢了一双筷子，再弄一双，照样能吃饭，这里奉劝那些事必较真的人应该达观一些，心理上达观了，心态上就能从容，人也会变得年轻活泼起来。

六、人生天地间，永远莫忘自己是谁。“上九，鸟焚其巢，旅人先笑后号啕。丧牛于易，凶。”——焚烧了鸟巢，旅行者先笑后大哭,就像在田畔丢失了牛,凶险。人在旅途，物极必反，早知情势会变，宜做从容打算。人在如日中天的时候，当知进退的道理，否则大喜潜伏着大悲。当一个人的作用达到鼎盛的时候，也就意味着一个人的作用试微的开始。古时打江山如此，今天上班一族同样如此。在岗位上的时候，就得谋划好退职之后的打算；工作的时候，也得考虑到生活上的安排。人走茶凉，是正常的社会现象，不能违背了规律。目中无人的时候，看到的都是假象。只有居于人下的时候，才能体会到世态炎凉。

无论如何，无论何时，无论何地，与高者为伍，与德者同行，才是人在旅途的正确方向。

像风一样来过
——《巽卦第五十七》蕴含的诗意人生

人们对风有许多期许。风花雪月，首在风。风有悲：“林花谢了春红，太匆匆，无奈朝来寒雨，晚来风。”风有喜：“春风得意马蹄疾，一日看尽长安花。”风有忧：“昨夜西风凋碧树，独上高楼，望见天涯路。”风有愁：“满目山河空念远，落花风雨更伤春。”还有啥？对！还有爱：“我还是很喜欢你，像风走了八千里，不问归期。”游子如风，不知道自己的归宿。风过无痕，人生终究会湮没在历史长河中。我喜欢风，有谁能喜欢它的居无定所？只是风最懂得人意，世上原本没有不解人意的风，为什么还有那么多对风的阻隔。古人认为风是上天宣布命令的使者,所以人要顺风而为。顺风而为的德行，就是巽卦揭示的道理。

道理之一：谦逊并非没有主见。“初六，进退，利武人之贞。”——进退不决，利于勇武者坚守正道。轻风拂面，寒风刺骨，非风之故，季节使然，随坡就弯的风只是一种表象。在众人进退不决的时候，只有坚守正道的勇武者能够胜出。一个真正谦逊的人，表面上看他缺乏信心，心中有疑虑，进进退退，优柔寡断，实则他有坚决果断的意志。

道理之二：有主见才不会乱方寸。“九二，巽在床下，用史巫纷若，吉，无咎。”——谦让地隐藏在床下，用史官和巫吏顺从天命的方式顺从，吉祥没有灾咎。这里的谦卑，今人应该理解为对规律的尊重和顺从。无论做什么，只要是把握住了事物的发展规律，就能够依从自己的主见行事，一步步，一点点，一招一式，有板有眼，不会有错。

道理之三：乐在其中而不频频顺从。“九三，频巽，吝。”——频频地顺从，有些不容易，必有遗憾和惋惜。道理很简单，凡事都顺从，就不可能活出自己。“频蹙不乐”，就是频频皱眉不快乐的意思。刚而无逊，固然不可取，逊而无刚，同样无趣。要想自己快乐，要想不频频皱眉，就得逊且刚，否则就会志穷屈而不得伸，连正常的事情都做不来，何谈做大事。

道理之四：谦逊而不献媚逢迎。“六四，悔亡，田获三品。”——悔恨消亡，田野里获得多种猎物。一个人如果真正做到了谦逊,就会在上中下三个层面获得好评,收获如意。对上级尊重但不依附，对平级团结但不结党，对下级严格但不苛刻。特别是服从老板号令，把握领导意图，既不能无原则地顺从，又不能无由头地献媚，要保持自己的尊严。即便这样做错了，也不后悔，因为自己是快乐的，没有任何包袱。

道理之五:能刚能柔,衡量得失,力行中庸。“九五,贞吉,悔亡,无不利,无初有终。先庚三日,后庚三日,吉。”——坚守正道吉祥，悔恨消亡，没有不利。开始或许不顺利，最终会有好结果。在象征变更的庚日之前三日发布命令，三日之后再实行命令,吉祥。这说的是慎重行事的道理。“刚日读经，柔日读史”和“刚日读史，柔日读经”是从不同的角度，阐明了刚柔相济的道理。但无论如何，都是刚柔相济源自我行，凡事都源自我行不行，行了就万事可成。

道理之六：谦卑而不失礼节。“上九，巽在床下，丧其资斧,贞凶。”——谦让恭顺地隐藏在床下,就像丢失了支撑,应该坚守正道以防凶险。人到了一定程度，发展到一定阶段，还一成不变地“巽在床下”，显然就是过谦了，有失君子的风度，有损领导的威严。所以说，君子、领导的谦逊是有一定的礼节的。比如，领导在下属面前的谦逊，体现的是对大家的一种尊重，其谦逊以不构陷领导权威为底线。一个普通人也是这样，他的谦逊是以不伤害到他的人格为底线。这个道理，在我们礼仪之邦是不难理解的。

从贾宝玉对美的追求说起
——读《兑卦第五十八》的启示

我读了三遍《红楼梦》，越发觉得它是一部美学作品。贾宝玉喜欢女孩子，认为女孩都是水做的，冰清玉洁，认为男人都是泥做的，污浊不堪。表面上看像是“淫”，实则追求的是一种美的境界。贾宝玉的观念，也是作者曹雪芹的观念，作者的这种美学观，古来有之，比如《兑卦第五十八》的“兑”，兑为水，象征少女脾气和顺，性情如水。这也是上善若水的由来。人们修行于世，修养一生，所追求的最高境界，无非一个“兑”字。“兑卦”的主旨，不仅仅是针对女子而言，而是包含了宇宙万物，它阐明的是一种普遍意义的生态和世态，而我以为应该集中在和悦待人这一点上。

一、和悦待人，是基本的处事哲学。“初九，和兑，吉。”——和悦待人，吉祥。经常在大街上遇到一些高声对骂的人，引来围观，围观的人也不都是出于看热闹的心理，倒想看看一个人或者两个人无理取闹到何种地步。但凡遇到这种情况，一般人都会嗤之以鼻。刚而居正，悦出自然，绝无勉强，就是和兑。悦能够做到和，就能不失刚柔，吉祥自然，和悦不必有顾忌迟疑。今人对“和兑”的理解，是能够让人心悦诚服。

二、心里装着诚信，才能做到和悦待人。“九二，孚兑，吉，悔亡。”——心中诚信和悦待人，吉祥，悔恨消亡。“孚兑”，即心悦诚服。志在诚信，悔就消失了，无怨无悔。中庸，不偏不倚，所以有诚信。和悦不是装出来的，而是内心的一种流露。志在诚信，才能不欺生，不欺人，不欺世。什么是诚信？诚信就是不偏不倚的中庸之道。

三、故意取悦于人，不会有好结果。“六三，来兑，凶。”——前来取悦于人，有凶险。最常见的是那种“拍马屁”的人，见人说人话，见鬼说鬼话。看电视剧，读文学作品，左右逢源，取悦于人的人都是反面角色。来兑，就是本身在不力的位置上，而求中的位置，看起来很柔和，其实是一种假象，是装出来的，经不起检验和考验，遇事必败露。如果遇到强悍的主人，必然会弄个头破血流、两面不讨好、里外不是人的结局。

四、患得患失的人，只有心理上平复了才能安宁。“九四，商兑未宁，介疾有喜。”——忙于商量未得安宁，隔于疾患而有喜庆。患得患失的人本身也是老实人，特别是在社会风气不正的情况下，别人都在送礼求升迁之道，他就得考虑自己送不送，送什么，送多少，一来二去，彻夜不眠。经过一番斗争之后，把握好审时度势的度，把持住一颗中正守拙的心。所谓商兑，是经过一番思想斗争之后，是以真本事取悦于人，还是以假把式取悦于人的结果，从长计议，眼光向前，放下思想包袱，总会内心喜悦的。

五、无原则地和悦待人，是有危险的。“九五，孚于剥，有厉。”——施诚信于失信之人，有危险。旅诚信于失信之人，固然是君子的谦谦风度，但也有为人不知好歹之嫌。用你的诚信与失信的人打交道，必然会上当吃亏。这也应了“吃亏是福”的古训。这样，也就助长了歪风邪气。如果在一般的人际交往中，这样处理也就罢了。如果在工作中、在事业上这样的处世哲学，显然是过不了关的，过不了风清气正的社会生态关，过不了和气生财的市场经营关。

六、沉溺于取悦人的人，注定玩不转。“上六，引兑。”——

沉溺于引诱取悦于人。这样的人,一定是一个搬弄是非的人。因为要取悦于人，就会想方设法讨人欢喜，专挑对方爱听的说。君不见，一个团队里总是会有几个这样的人。团队的负责人如果英明，能够识破他的伎俩，就不会有这样人的市场，他的伎俩也就不会大行其道，老实能干的人也就能免于祸害。俗话说，日久见人心，这样的人不仅在团队中吃不开，就是在朋友圈中也迟早会搞臭。这样的人，如过街的老鼠，人人喊打，才能有一个风清气正、干事创业的人际环境。诚如此，大家幸焉，大家幸甚!

达观聚散，健康百年
——《涣卦第五十九》给人的启发

古代先哲极具辩证法思想。老子所云“涣兮其若凌释”，表意是春天来到坚冰化水的涣散现象，实则讲事物发展一阴一阳的变化之道。也正是《涣卦第五十九》所揭示的道理。人生有聚，就会有散；有顺风如意，就会有百转千回，关键是怎么看。怎么看决定了怎么办，怎么办则注定了人生的活法和质量。

首先，要有达观聚散的心性。“初六，用拯马壮，吉。”——借助健壮的兵马勉励拯救可获吉祥。《红楼梦》里薛宝钗有一句诗：好风凭借力，送我上青云。她是大家闺秀，有良好的教育，健康的身心，懂得借势而为的道理。而林黛玉小姐与之形成了强烈反差，只知梦里泪相对，笃信前世木石缘，内心总是纠结，一天到晚也没有涣散的时候。性格决定命运，在薛林二人身上是最好的印证。

其次，要有中正保全的心理。“九二，涣奔其机，悔亡。”——涣散之时直奔安全之地，悔恨消亡。人都有求生的欲望，无力回天的时候，寻求庇护是人之常情。人要懂得珍惜机遇，乘势而为的道理，也应该明白摧枯拉朽之际保全自身的道理。这种保全，是一种积极的心态，是一种变通的作为，而明知不可为而为之并不可取。

第三，要有遇险出险的定力。“六三，涣其躬，无悔。”——涣散不惜自身受损，无悔恨。当风险来临，宁可随波逐流，宁可自己受损，也不损害他人之利而保全自身。人如一叶小舟，在大海中漂泊，当滔天巨浪来袭，命中注定万劫不复，并没有什么可以抱怨，也没有什么可以乞求。砥砺心志，把握好自己。至于向外扩展，不可能不遇到风险和挫折，随遇而安罢了。

第四，要有克己包容的雅量。“六四，涣其群，元吉。涣有丘，匪夷所思。”——涣散朋党，至为吉祥。涣散小团体，而结成山丘般的大团体，这是常人的思虑达不到的。不结交朋党，不人为设线，而是把自己融入大集体之中。小团体如风中草芥，劲风来袭，四散无踪。大团队如山中磐石，任凭风雨剥蚀，无动于衷。光明正大的人总要比偏狭自私的人行稳致远。

第五，要有中庸之道的品行。“九五，涣汗其大号，涣王居，无咎。”——向发汗一般发布君王的命令，散发君王居积的财富，没有过错。君子爱财，取之有道，见利不忘义，发财而不聚财，积德而不养患，就像贤德的君王由于不暴敛而深得民心，由于恪守中庸之道而不执于一端，自己的地位就没有不巩固的道理，自己的发展也就成了水到渠成的事实。

第六，要有常态涣散的渠道。“上九，涣其血，去逖出，无咎。”——疏散体内淤血，除去忧患，没有灾祸。锻炼身体，去除疲劳，养成好的作息习惯，不至于身患顽疾。同样的道理，修炼身心，去除忧思，养成宽以待人的达观品性，不至于郁结成疾，阳光心态顺达如意，每一天都追赶阳光，而不至于疲于奔命，每一天都与星月相伴，有诗和远方，人生美哉至此，何患之有？

健康百年，从达观聚散做起！

在有限和无限之间
——《节卦第六十》的别样解读

生活上节俭、欲望上节制，是中华民族的传统美德。既然是美德，就应该传承。但任何事物，把握起来都有一个度的问题。随着物质生活条件的日益改善，社会地位的不断提高，有的人可能对节俭看得很淡，对节制不以为然，生活难免会奢侈,欲望可能要膨胀,骄奢淫逸就是这么来的。而有的人，不管生活如何变化，总是骑着一辆二八自行车，生活过于节俭，对自己的要求过于苛刻，以至于束手束脚，仿佛脱离了这个时代一般。这样的人，不管是出于本性，还是伪君子、假道学，在做人做事上都是不可取的。老祖宗的中庸之道，是最具中国特色的哲学，是放之四海而皆准的真理。我们拿它来审视和把握节俭、节制，就能始终警醒自己，既不超越底线，又不游离时代，做一个堂堂正正、光明正大的人。这就是《节卦第六十》所揭示的节德。

精进潜修而不张扬。“初九，不出户庭，无咎。”——不走出屋门内院，没有灾祸。旧时，有钱人家的女孩在出阁之前“大门不出，二门不进”，藏在深闺之中，为了找个好婆家。因为一天到晚疯跑，这样的女子谁家敢娶？这是社会风气使然，算不算是文化中的糟粕，不好定论。对于男人而言，“秀才不出门，便知天下事”，鼓励的是经世致用，苦读寒窗十年整，考取功名天下扬，“朝为田舍郎，暮登天子堂”，讲的都是修行。彼时的秀才和田舍郎可不是今日的“宅男”。总而言之，穷则修身，达则兼济天下，是文人的情怀和追求，这个道理对今天而言也不算过时吧。

才不外现没有价值。“九二，不出门庭，凶。”——始终不跨出大门庭院，有凶险。俗话说，是骡子是马，拉出来溜溜。说的是有没有真本事，得看行止。如果有满肚子的学问，一味地自娱自乐，于社会，于他人毫无建树，这样的人生怎么会有意义呢？所以人生的价值体现在作为上，只有当自己的才华作用于事功，才能彰显做人的价值。人应该有不满足于现有知识和技能的心，但也不能因此就放弃了为社会做贡献。知识累积和作为担当是同步进行的，不怕出风头，不怕枪打出头鸟，应该敢于和善于在自己熟知的领域内勇拔头筹。这样做了，不必有后顾之忧，相反，倒会因为主观的退缩而失去更多的机会。

放纵自己休怪别人。“六三，不节若，则嗟若，无咎。”——不能自我节制，必然会忧伤嗟叹，没有灾祸。性格往往决定人的命运。最近看了一部电视剧，片名叫《断刺》。在特别行动小组里，一个李医生被称为“苦瓜”，由于特殊的经历，为了忘却家破人亡的痛苦而从无笑容的人；一个华护士被称为“甜瓜”，由于坚守自己的信仰，为了完成特殊的使命而阳光灿烂的人。抛开世事的沧桑，人们是做一个“苦瓜”好，还是做一个“甜瓜”好呢？显然，一个“甜瓜”也有痛苦，也有别离，但她能笑到最后。否则的话，信仰和追求都盖不过她的痛苦，她怎么能令人接近呢？只能吞下巨大的痛苦，始终生活在苦恼当中。

安于现状也没道理。“六四，安节，亨。”——安于现状自我节制，亨通顺利。最近有一个比较流行的词，叫作守正创新。守正和创新连在一起，才具有正面的意义。光有守正是不行的，守正的“正”从何而来？也是创造而来，创新而来。如果仅仅守正，就是安于现状，“正”总有一天会偏离、落伍，这也是与时俱进的道理。无论世事还是人生，都应该与时俱进，都不应该安于现状。世间没有安于现状的道理可言，安于现状就意味着死灭，就意味着断裂。在价值上生成新的链条，在思想上燃起新的火花，在行动上方能不断出新。

收放自如方显美德。“九五，甘节，吉，往有尚。”——甘美愉悦地节制，吉祥，往前进发受人嘉奖。人类共有的美德是正义，所谓正义，就是在有秩序的社会中做着合理的事。正义的社会不是自然而然生成的，是靠人们的正义叠加而成的。从个体角度讲，保持身心的平衡、平和，就是正义，就是收放自如的美德。有自己乐而为之的事业，有喜欢的生活和喜爱的人。在大千世界里，做一个收放自如的人，不是想干什么就干什么，而是把握了自然的规律，顺着内心深处正义指引的方向前行，这是我们共有的情怀和追求。

过于节制等于自杀。“上六，苦节，贞凶，悔亡。”——极端节制十分痛苦，应该坚守正道以防凶险，悔恨消亡。卢梭有名言:“人生而自由,却无往不在枷锁中。”这个枷锁，从时代到肉身都是不可逾越和突破的限制。但人生而为人，最大的幸事是有主观能动性。生活是创造出来的，出彩的世界是靠着思想的火花点燃的，是靠着有力的双手和臂膀推动的。不创造，毋宁死。过于节制的生活，就是没有创造的生活，就是走向死亡、慢性自杀的生活。这也是无论何时何地，都要充满创造激情的道理所在。

从燕子衔泥筑巢说起
——解读《中孚卦第六十一》

《中孚卦第六十一》讲述的是什么道理呢？讲述的是中直守信之道。中孚，就是发自内心的诚信的意思，是一种内心诚实而又能虚己容物的道理。保持一种诚信的心态，踏踏实实地做好每一件事情，就像燕子在春天里，不负美好的邀约，筑好自己的巢，完成自己一个季节的转换。这让我想到了自己，想到了朋友，不免又要发一番感慨。

一、做人得有定力。“初九，虞吉，有它不燕。”——平安吉祥，别有它求则不会心安。“两亩地，一头牛，老婆孩子热炕头”，是农耕文明下人们的一种心理。如果从改变、从奋斗的角度看，这当然是一种小农意识，不足取。但我更愿意从中国人的正直良善的角度，来看待这个问题。小时候，看燕子在房檐下衔泥筑巢，淘气的小朋友用棍子给捅下来，没过几天，燕子还会继续在原来的位置上筑巢。几次三番，它总是不肯罢休。中国人安土重迁，燕居就是安居。燕子筑巢选址的时候非常慎重，一旦选定就不会轻易改变。如果人的想法太多，顾虑重重，日子过得就不会安稳。打定一个主意，抱定一个想法，靠自己的勤劳发家致富，这没有什么不可取的，这就是做人的定力。

二、交朋要有共鸣。“九二，鹤鸣在阴，其子和之。我有好爵，吾与尔靡之。”——老鹤在树荫下鸣叫，小鹤在旁边附和。我有美酒，与你共享用。同声相和，同气相求。俗话说臭味相投，是什么样的人就会结交什么样的朋友，不仅有共同的利益，也有共同的志趣和追求。但是，真正的朋友就是要经受住考验的。友谊要经得住考验，联结在一起的纽带，一定是中正守信。为了一个目标而团结在一起的人，一定会相携至终，无怨无悔的。虽然远离，但仍能相互呼应，就像鹤在林荫深处鸣叫，看不到远处，小鹤也会应和。自己有好酒，愿意与你同杯共享。彼此的诚意，能够沟通，这是因为心中的愿望能够相互沟通，引起共鸣的缘故。

三、友谊需要见证。“六三，得敌，或鼓或罢，或泣或歌。”——遭遇敌情，或击鼓追击，或罢兵回营，或泣泪声悲，或喜乐高歌。这种见证，就是在战场上攻击的时候一起上，而且要冲在前面，撤退的时候一起退，而且还要殿后。悲的时候一起哭，喜的时候一起笑，彼此不分你我，这才是真正的患难之交。这样的朋友，屈指算来能有几人？所以说，人生得一知己足矣！大浪淘沙，朋友一个一个掉队了，剩下的才是真正的朋友。

四、得失贵在自知。“六四，月几望，马匹亡，无咎。”——月亮接近圆满的时候，马匹丢失了，但无大的灾祸。无论是与人交，还是特立行，都会有成功，有失败，有顺境，有险途。正如天有阴晴，月有盈亏，都是自然不过的现象。但要深知“塞翁失马，焉知福祸”的道理，满月升空，要有“举杯邀明月，对影成三人”的忧思；良马走失，要有“打掉牙和血吞下去”的勇气。满怀忧患意识，抱定必胜信念，永远都是人间正道。这就是人的自知之明，有了自知之明，就能正确地对待荣辱进退，看淡世间的风风雨雨。

五、诚信贵在如一。“九五，有孚挛如，无咎。”——心存诚信并以之牵系天下，没有过错。一个人做好事并不难，难的是一辈子都在做好事。同样，一个人讲诚信也并不难，难的是一辈子都讲诚信。能够始终如一讲诚信，不因一时一地的得失而朝三暮四，非有心系天下的情怀不可。只有心系天下，才能放得下一时得失，这说的是人的思想境界，诚信作为一种道德修养，非有思想境界贯穿其间，不能撑得下自己的心怀，否则人怎么能够行稳致远呢！

六、善于保护自己。“上九，翰音登于天，贞凶。”——锦鸡鸣叫，声达极天，应当坚守正道以防凶险。人在春风得意的时候，应该懂得木秀于林，而风必摧之的道理。高处不胜寒，缺少的是知音同道。虽然你一心扑在事业上，却总会遇到各种人为的羁绊和世俗嫉妒的目光。正所谓，患不均而不患寡。大家都在穷时，能相濡以沫共度时艰，你发达了，走在了众人的前头，就等于给后面的人树了一面墙，一面无法超越的墙，你就等于树了敌，你明知如此，依然前行。因为你不是为了一己之私，你为的是大家共同追求的事业。即使有一天你倒下了，倒在了自己人的枪口下，你也会无怨无悔。但是为了避免这种悲剧的发生，还是要把自己保护好。善于保护自己，同样用坚守正道的方法和策略，即使是花去了一些不必要的精力，也是值得的。

小过，小过，如何才不为过
——《小过卦第六十二》的联想

俗话说，人无完人，金无足赤，生活中小的偏差是难以避免的。还有一句俗话说，矫枉过正，不矫枉不足以过正。从传统哲学的角度理解，就是肯定矫枉过正的“小过”，其目的是为了守正。但是小过之法又不可滥用，小过只是大行不顾细谨，大礼不辞小让，至于在大是大非上，还是不能马马虎虎，随随便便。一言以蔽之，小过，小过，如何才不为过？

一、量力而行不为过。“初六，飞鸟以凶。”——鸟逆势高飞，有凶险。人生在初始阶段，志存高远。但这个时候，毕竟羽翼尚未丰满，翅膀也不硬朗，一飞冲天是不可能的。所以，在这个时候就要心无旁骛，脚踏实地，能飞多高就飞多高。可以稍微高那么一点点，年轻人嘛，激情四射，年轻时不张扬，什么时候张扬？但还是不能忘乎所以，不知天高地厚。

二、得过且过不为过。“六二，过其祖，遇其妣。不及其君，遇其臣，无咎。”——错过了他的祖父，但遇着了他的母亲；没有赶上他的君主，但遇到了君主的臣僚，虽有差迟，但非徒劳，无所怪罪。人在向上发展的过程中，理想和现实都是有台阶的。有的人赶上绿灯，“唰”的一下就过去了；有的人赶上了红灯，只好在那里等待。只是机遇不同、路径不同罢了，不必去比较，错过的不属于你，属于你的别错过，这样就好。

三、不酿大错不为过。“九三，弗过防之，从或戕之，凶。”——不要过分指责，但要防止他的错误发展，如果听任放纵，反而害了他，必遭凶险。人有了过错，没有必要过多指责，知错就改，改过来就是好同志。一个人犯了错并不可怕，可怕的是犯同样的错误，这样的人就有些不可救药了。长者和同事，有必要、有责任防止一个人一错再错。就像对待孩子一样，如果一味地溺爱，任其在错误的道路上一直错下去，势必酿成大错，悔之晚矣。

四、常听忠言不为过。“九四，无咎，弗过遇之；往厉必戒，勿用，永贞。”——无所怪罪，没有过错，不要指责，但要防止发生错误；前去冒险，则必须立即加以警惕。无须卜问往后的吉凶。对待错误的正确态度，就是有则改之，无则加勉。没有出错的时候，良言忠告听一听也无妨，防止朝错误的方向发展，特别是史无前例的时候，一定要谨小慎微，不断地加以警醒，保持内心的定力和方向，以免滑向错误的深渊不能自拔。

五、得之有道不为过。“六五，密云不雨，自我西郊；公弋取彼在穴。”——乌云密布而不下雨，乌云来自我方的西郊。公用带绳子的箭射鸟，在坑穴中取得鸟。话说白了，人都是为自己的利益，都是以自己的利益为取舍，都幻想哪一天好事落到自己的头上。有许多时候自己也看见了一片带雨的云彩，可是雨点偏偏就落不到自己的身上。那是因为风不是朝你这边吹的，好事自然轮不到你，这个时候去争、去抢，就过于操之急切了，弄不好会两败俱伤。本来这只鸟不该轮到你用箭去射杀，你非得要射杀，无异于杀鸡取卵，以后的好事就永远也不会轮到你的头上。

六、守正如初不为过。“上六，弗遇过之；飞鸟离之，凶，是谓灾眚。”——不加制止，因而犯下过失，好比飞鸟钻入罗网，凶险啊，这叫作灾难。如果被自己错误的念头支配下去，久而久之，就如同鸟入罗网，哪还有飞翔的机会？越是在这个时候，越要保持清醒的头脑，不要听信别人的误导，不要让别人把自己当枪来使。风过雨晴，你的天空依然是灿烂的，只有守正，保持住自己正常的心态，就会有出头之日，就不会滑向凶险的边缘。

成事之后，如何把握自己
——《既济卦第六十三》的学问之道

小过善补，就能到达成功的彼岸，所以紧接小过卦之后的，就是象征事物圆满成功的既济卦。“既济”，事业的成功与终止之意。人们都希冀一生功德圆满，也确有一些人志得意满，但究竟难说谁没有终身憾事。我们作为大多数的平常人，虽然没有成功人生的满足，却有成事之后的自豪和骄傲。当是时，人如何把握自己，也的确是一门学问。《既济卦第六十三》破解的就是这个学问之道。

一、生于忧患的意识。“初九，曳其轮，濡其尾，无咎。”——渡河时往后拖拉车轮，车尾虽被河水沾湿，没有过错。孟子有言，生于忧患，死于安乐。只要一息尚存，当朝乾夕惕，正如跋涉大江大河，没有提防意识，难保无虞。清人徐骏在奏章里，把“陛下”的“陛”字错写成“狴”字，雍正看了，恼羞成怒，将他革职。后来一查，在他的诗作当中，有“清风不识字，何事乱翻书”和“明月有情还顾我，清风无意不留人”这样的诗句，雍正认为此人有反清复明之意，于是将其斩立决。这是史上有名的一个“文字狱”案例，是谁也想不到的一个大变故。

二、得失在一念之间。“六二，妇丧其茀，勿逐，七日得。”——妇人丢失头上的首饰，不用追寻，七日后可以失而复得。失而复得与得而复失，是一个意思的两个方面。除了生命，其他一切都是身外之物，为了提升生命的质量和纯度，其他一切都可以抛开，一切都如衣服，新旧随季节轮换；一切都是外物，既可以失而复得，又可以得而复失，何必在乎呢？生活之中不乏斤斤计较于家庭琐事的人，弄得家人不睦却不亦乐乎。工作中也常常会遇到凡事必抢先、出风头的人，他们总是摆不正自己的位置，总想着好事应该是自己的，出力气干活与自己无干。这样的人，越是想走远一些，越是不能突破自己，也就突破不了众生。

三、终身不与小人伍。“九三，高宗伐鬼方，三年克之，小人勿用。”——殷高宗征伐鬼方，经三年苦战获胜。莫任用小人。高宗是殷代中兴的英明帝王。鬼方是殷代边疆的一民族。从前殷高宗讨伐鬼方，经过三年的苦战，才得以战胜，对有战功的小人，他只给予重赏，不予重用。为什么不能重用小人呢？这里还有一个典故，颇发人深思。越王勾践灭了吴国之后，吴国的太宰伯喜，认为自己曾给夫差进谗言，除掉了伍子胥，帮助了勾践，应该得到封赏。但勾践对他说，你过去是吴国的大臣，我不敢收你做我的臣子，你还是去陪伴你的国君吧。像伯喜这样的小人，只会见风使舵，不可能对君主忠诚，还是被勾践所杀。

四、无时不戒备疑虑。“六四，繻有衣袽，终日戒。”——华美的衣服变成破烂衣服，应当整天警惕戒备灾祸。既济时防备着不济，这是正常的心理防护机制。藏富与炫富，低调与高调，不仅仅是做人性情上的分野，也体现了处世智慧上的差别。与人同行，最易遭人嫉妒，特别是木秀于林，风必摧之。考验一个人能不能守住底线，关键在于有能力、有条件去做，而不去做那些招人嫉妒的事情，一如平时，一如常态，系好人生的每一粒扣子，风雨来袭的时候，不至于风寒入怀侵骨，确保生活平安顺遂如意。

五、形式主义害死人。“九五，东邻杀牛，不如西邻之禴祭，实受其福。”——东边的邻国杀牛举行大祭，不如西边的邻国举行简朴祭礼诚敬，更能实在地承受神灵施降的福泽。穷时祈神，富户修墓，这是中国人最重形式的表现。通常情况下，在工作上，凡形式大于内容，就是形式主义的表现。但形式又不能或缺，宣传的基础在工作，工作的影响靠宣传，守正进取、创新求实，应该成为新时代人们的文化风貌，这是形式和内容的辩证统一，是对形式主义最好的回应。在生活上，生命的形式同样要与生命的质量相适应，那种幻想超越常人的想法是不切实际的，如果生命背离了守正如一的初衷，只重形式上的华美，生命的价值和意义也就打了折扣。

六、盛极而衰是必然。“上六，濡其首，厉。”——渡河被水淹没了头，有危险。这让我想到了“亢龙必悔”的教训。自然界花不常开水不长流，人的生命也必将逝去。懂得了一分盛极必衰的道理，也就多了一分生命的从容，就可以看淡云和月的惆怅，了却事和情的负累，把自己人生最美好的一面留下来，在世人的心中留下美好的念想。

在新时代的征程上答好人生之卷
——《未济卦第六十四》的断想

任何伟大的事业在胜利之后都仍面临新的挑战，从来就没有大功告成而一无可为的时候。既济虽济，济犹未济，济之再济，此即为“未济”也。人生在世，有几人能成功，又有几人敢于声称自己已然成功。成功永远在路上，甚至每一天都是新的起点。在新的起点上，走好走对走稳人生之路，这就是《未济卦第六十四》告诉我们的哲理。

一、做好失败的准备。“初六，濡其尾，吝。”——小狐狸过河时弄湿了尾巴，难受，前进有困难。正如小过卦所指出的，人生在于不断试错。要想成功，首先要做好失败的准备。过去我们常讲：一颗红心，两手准备。一手准备的是如己所愿，达到自己的目的；一手准备的是听从组织安排，听从命运安排。“我是一块砖，哪里需要哪里搬”，反正都是建设祖国的高楼大厦。时代不同了，个人的选择余地更大了，机会更多了。但即使我们可以自由选定一个目标，也没有一下子就成功的道理。游泳不是一次学会的，要呛好多次水才能学成。年轻人干事创业，必须经过摔打。不经过多次失败的摔打，难以成才，难以成器，这个道理至今还是管用的。

二、积累既济的本钱。“九二，曳其轮，贞吉。”——向后拖曳车轮不使急进，坚持下去吉利。在前行的路上，不能急于冒进、急于求成。学习前人的经验，是最好的一种积累。我们都是循着前人的脚印，一步一步走过来的。中华民族的文化传统，是经过无数代人持续奋斗积淀而成的。一个有智慧的人，不是仅凭一己之力，发前人所未想，而是善于站在巨人的肩膀上继续奋斗。在积累经验的过程中，最重要的就是持守中道，端正行事。天才是勤奋和汗水造就的，更何况世上本无天才，多一些勤奋，多一些汗水，始终如一，沿着正确的方向前进，才能说是接近了天才。

三、选择成功的时机。“六三，未济，征凶，利涉大川。”——还未做好准备，贸然征伐有凶险，利于涉越大江大河。未济不是不济，而是等待时机而已。汤在征伐夏桀之前，采纳尹伊的建议，先是停止向夏朝朝贡，以试探他的实力。夏桀发现汤对自己这样大不敬，就命令九夷族发兵征讨商汤，这说明此时的夏桀还能调动九夷族的兵力，汤就马上请罪，恢复了向夏的进贡。一年之后，九夷族忍受不了夏桀的残暴统治，纷纷叛离夏朝，这就使夏桀的力量大为减弱。商汤一见时机成熟，就召集部众出兵伐夏，一举攻灭了夏桀。王朝兴替的道理是这样，一个人的成功也是如此。当困难十分强大的时候，只能等待时机。时机对一个人的成长非常重要。当时机不成熟的时候，不要自不量力，轻易就涉足。一旦时机成熟了，就抓住机遇，时不再来，机不可失。

四、保持攻坚的勇气。“九四，贞吉，悔亡；震用伐鬼方，三年，有赏于大国。”——坚守正道吉祥，悔恨消失。就像兴兵助殷讨伐鬼方，费时三年打败了鬼方，获得殷国的封赏。殷商对北方少数民族鬼方的用兵，持续了三年，这说明当时鬼方的力量相当强大，同时也说明商朝对鬼方的征伐是很有必要的，有利于保护商的利益，否则就不会如此大动干戈。勇气是制胜的法宝，成功永远不会向懦弱者敞开大门。古今中外，凡是成就大事者，都是需要下一番苦功夫、硬功夫的。正如孟子所言：“天将降大任于是人也，必先苦其心志，劳其筋骨，饿其体肤，空乏其身，行拂乱其所为也，所以动心忍性，增益其所不能。”

五、播撒君子的光辉。“六五，贞吉，无悔；君子之光，有孚吉。”——坚守正道吉祥，没有悔恨。依靠君子诚实守信的光辉，获得信任吉利。君子，是中华民族完美的人格化身。君子德行，其道中庸。中庸，又是君子美德的集中体现。《菜根谭》对中庸之德作了这样的解读：清能有容，仁能善断，明不伤察，直不过矫，是谓蜜饯不甜，海味不咸，才是懿德。意思是说，清廉而有容忍的雅量，仁慈而又能当机立断，精明而不防害细察，原则性强而又不失其灵活性，这种道理就像蜜饯虽然浸在糖里却不过分的甜，海产的鱼虾虽然腌在缸里却不过分的咸，一个人要能把持住不偏不倚的尺度才算是处人做事的美德。

六、养成节制的美德。“上九，有孚于饮酒，无咎；濡其首，有孚失是。”——心怀诚信地饮酒庆贺，无所怪罪。酗酒弄湿了头，信任就失去了正道。桃源结义，不自觉地体现了节制的美德，因为三个人出身不同，性格不同，之所以能走到一起，出生入死抱成团，都节制了各自的短处。而刘关张的厄运结局，则是又不自觉地失去了节制的美德。张飞如果节制饮酒，不至于被奸人暗算；关羽如果节制傲慢，不至于大意失荆州；刘备如果节制私仇，就不至于被火烧连营。从这个意义上说，节制是关乎个人身家性命的美德。

我读《周易》这部书，反复研读易辞，受益良多，从自己的视角出发，做了一些差强人意的解读。掩卷沉思，思之良久，我等中人，虽不及一二，亦有幸偏得先人哲思福荫，定当勉励自强，发奋读书，经世致用，以传承中华文化之精光大道！